图解 **精益制造** *063*

丰田成本管理

世界No.1の利益を生みだす

トヨタの原価

［日］堀切俊雄 著

龙蔚婷 译

人民东方出版传媒
People's Oriental Publishing & Media
東方出版社
The Oriental Press

序
丰田的"利润源泉"，在于成本降低

丰田会计部员工的工作，分为总部与现场两种，不知你是否了解这一事实。

丰田会计部有两个团队，一个团队做的是一般性的企业会计，如税款、IR信息等对外的工作。那么，另一个团队做的是什么工作呢？

他们被派到了企业内的各个现场，以"成本特别行动小组"的身份，主要从事一些机制建立、降低成本方面的培训工作，从而计算出"各个产品的准确成本"。

丰田试图计算出"各个产品的成本"，还为此形成了组织，成立了特别行动小组，这是为什么呢？

因为降低成本离不开这些数据，而利润的产生源于成本的降低。

大部分企业会经常在全公司范围内悬挂"一起把成本降下来"的标语，同时，大多数的经营者又不得不叹息"员工根本不想配合"。

在丰田看来，降低成本是每一个人的分内之事，如果大家不清楚"各个产品的成本"究竟是什么情况，就无法理解眼前的工作与成本到底是如何连接的，也就无法着手改善了。

丰田的员工每天都会开展改善活动，并视之为自己的工作。大家之所以能在工作中积极地思考、钻研，恰恰是因为每一个人都能随时掌握"各个产品的成本"，这和普通会计计算出的运用于企业会计的"成本"是不同的，而是特别行动小组与现场员工通过每天的努力打造出来的概念。

准确计算出"各个产品的成本"，除了有助于降低成本之外，还会带来意想不到的效果。

比如说，能测算出竞争对手企业的零部件单价，进而推算出供应商生产的外包零件的成本，甚至能读取到这些企业的技术水准和工序。而且，"各个产品的成本"这一切入点，不仅是工厂（包括职能部门、事务部门在内），更是全企业都适用的一种看待问题的方式。

丰田内部有这样的共识：没有带来利润的行为，不能称之为"工作"。

开会、拜访供应商、写企划书，类似这样的行为真的为企业带来了利润吗？难道不是徒增成本而已吗？

判断是不是具有附加价值的"工作"，要通过与"成本"进行对比才能得出结论。

只有意识到"成本"这一要素，才会时常提醒自己"要做有附加价值的工作"，才能真正取得成果。

例如，一方面要提高销售额、产生利润，而另一方面要通过降低成本带来利润。

同时，丰田上下都意识到了"需要通过降低成本来创造利润"。也就是说，销售额并不能完全按照计算值实现，所以要致力于成本的降低，并通过所有部门的共同努力，达到预定目标。

说到"丰田的成本降低"，人们的第一反应通常是"消除浪费"。消除浪费确实是创造利润的有效方法之一，但从①企划与设计、②各工序中的详细设计、③量产三个阶段来看，消除浪费只相当于最后一个阶段——第③阶段的工作。

本书将详细阐释的"成本"，大部分是在①和②两个阶段中确定的。因为即使在量产阶段投入大量的精力降低成本，也早已错失良机。

与其他企业不同，丰田在第一个阶段就开始关注"最大的成本降低点"，也就是被称作"成本企划"的阶段。

"设计阶段决定全部的利润"，这是丰田内部流传的一句话。这意味着，在初期的"成本企划"阶段，成本和利润就已经被决定了。

而讨论成本企划的"成本企划会议"，是丰田最高层次的会议机制。这个会议要召集哪些人员，确定什么内容，如何确定，所有人都很在意。

丰田利润的源泉，全部源于"成本企划"。

可惜的是，在目前出版的关于丰田的众多书籍和杂志中，几乎没有直接提及"成本企划"的。

本书将以笔者多次参加丰田"成本企划会议"的经验，尽可能地让更多人了解丰田是如何看待成本的，并对"成本企划手法""成本降低的过程"，以及"通过追求'各个产品的成本'，创造出世界第一的'利润'"，这些丰田在成本方面开展的工作进行具体阐述。

接下来，让我们一起来解构丰田利润的源泉——成本降低吧。

首先，是"丰田工作的基本原则""成本降低的推进方式"，以及使其效果有了飞跃性提升的"自工序完结"和"主查"的功能。

在此基础上，我会详细阐述使丰田成为最强企业的"成本企划"全貌，并介绍丰田"消除浪费"和"大房间方式"，这两种能提高成本企划精度并使利润最大化的手法。

目　录

contents

第二章

丰田降低成本的展开方式

→梳理出各个产品的成本，推测其他公司的成本

第二章

丰田设计开发团队的建立方式
→自工序完结机制与主查的职责

第四章

丰田成本企划的制定与实施

→ "成本企划"中浓缩了丰田成本缩减策略的所有精华

第五章

丰田的消除浪费

→不懈钻研与改善，进一步降低成本

第六章

丰田"大房间方式"的效果及推进方式

→一旦实现"可视化"，全员就能有意识地降低成本

第 一 章

丰田工作的基本原则

→意识到成本的存在，从而创造"附加价值"

被上司表扬，假装很忙，来回奔波，这无法称得上是"工作"。任何行为都必须产生"利润"，这是"是否在有效工作"的判断基准。所以，必须让员工加强"成本"意识，并在这一基础上开展工作。

1 丰田如何定义工作?

▶没有经过钻研、琢磨的工作，不能称为真正意义上的"工作"。

"具有创造利润的附加价值"——这是丰田对工作的定义。

企业里，很多决策是以自上而下的形式确定的，员工们往往会按照上司的指令开展工作。但如果只是依照上司的指令"处理某件事情"，而对过去的方法不加质疑，那实在称不上是"产生了附加价值的工作"。

每个人都能够自发地、独立地、带有创造性地取得成果，这才是真正意义上的"工作"。只有产生全力以赴做成某件"事情"的意愿，人才会自然而然地考虑如何用最好的方法取得最好的结果。

也就是说，每个人都需要理解上司的职责和意图，思考怎么做才能提高附加价值，或者应该如何增加附加价值。在丰田，这才是工作的真正含义。

自己能感受到其中的价值并完成工作，每个人在自己的工作场合能够做到这一点就足够了。

如果你觉得"附加价值"这一概念太抽象，无法迅速理解其含义，那我们可以试着换成更具体的表述来解释。例如"产生利润""开发新产品""开发销量好的产品""（通过营销）增加销售额""开拓新客户"等，这些都是附加价值本身。

"这一行为能否带来利润"是工作的基准

例如，我们用图表1的时间轴来梳理一天的工作。

图表1中，横轴上面的部分（正值）为"进行有附加价值的工作"的时段，横轴下方的部分为花费人工费、交通费、接待费的时段，正负接近于0的部分是"附带业务"。

图表1　例：从附加价值的角度看白领一天的工作

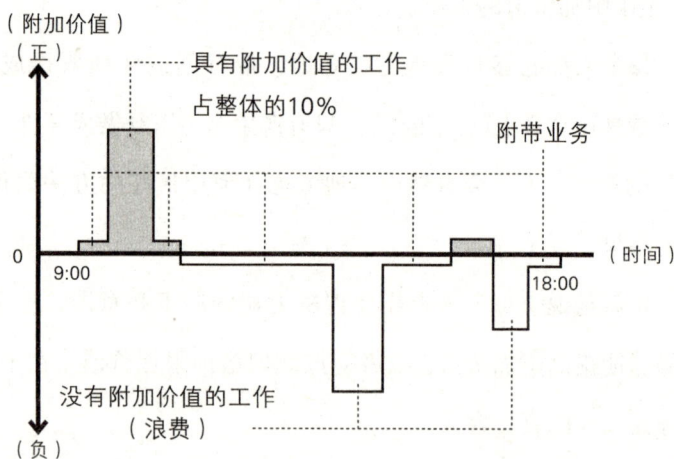

附带业务是一些为了产生利润而进行的准备工作。例如，在工厂，步行到存放零部件的地方，这一行为就是附带业务。从附加价值的角度来看，这一时段应该是零或者负值。

大多数情况下，在一天的工作当中，工厂部门的附加价值率为25%，职能部门的附加价值率为10%左右。

白领岗位与生产现场不同，白领岗位的人员，是在工作还是在偷懒，常常难以做出明确的判断。眼睛对着电脑查询网页，到底是在工作还是在干别的事情，即使管理者站在旁边看着也难以做出清晰的判断。怎么解决这个问题呢？还是要从"能否产生利润"这一立足点来判定。

同样是写邮件，如果只是内部事务的邮件，就不能算是具有附加价值的工作。

但如果是答复顾客咨询产品的邮件，具有产生利润的可能性，就可以判断其为有附加价值的工作。

"对外确保利润，对内降低成本"是工作的铁律

说到底，企业内部的邮件业务基本都是"成本"，而向客户发送邮件就是有价值的工作。因为对外发送邮件以后才能产生利润，这对于公司来说是有益的，是产生利润的源泉。

当然，如果企业内部的邮件充满提案和钻研内容，实现了缩减成本、产生附加价值、创造利润的目标，也可以判断为"有益的工作"。所以：

①对外，是不是能增加销售额，产生利润的内容；

②对内，是不是能降低成本（缩减成本）的内容。

是否属于上述两种情况之一，即工作的内容"能否产生利润（附加价值）"，就是"工作的基准"。

按照丰田的基准，几乎所有人都没在工作

外面的人看丰田，常常会有这样的认知——"丰田是完美的，不存在一点浪费"，这是一种误解。丰田仍然存在很多浪费，其中最典型的便是会议。发送在正式会议前修改发言的事前沟通函，或者是召开事前碰头会，类似现象在丰田依然存在。所以，不仅是工厂部门，丰田的职能部门同样有巨大的改善空间。

那么，这些会议能带来多少附加价值呢？可以说，几乎全是"负值"。

企业是一个庞大的组织。企业的附加价值，在于客户愉快地购买了商品之后，产生了"公司有资金进账，获得利润，成为附加价值"的结果。

因此，只是看起来很忙，不停地穿梭在公司的走廊里，即使员工本人想开展真正有效的工作，得到的也只是纯损失，是白白浪费经费罢了。

正如图表2中所示，这种行为是对内进行的作业，没有钻研如何对外产生利润。

图表2　产生利润的工作和不产生利润的工作

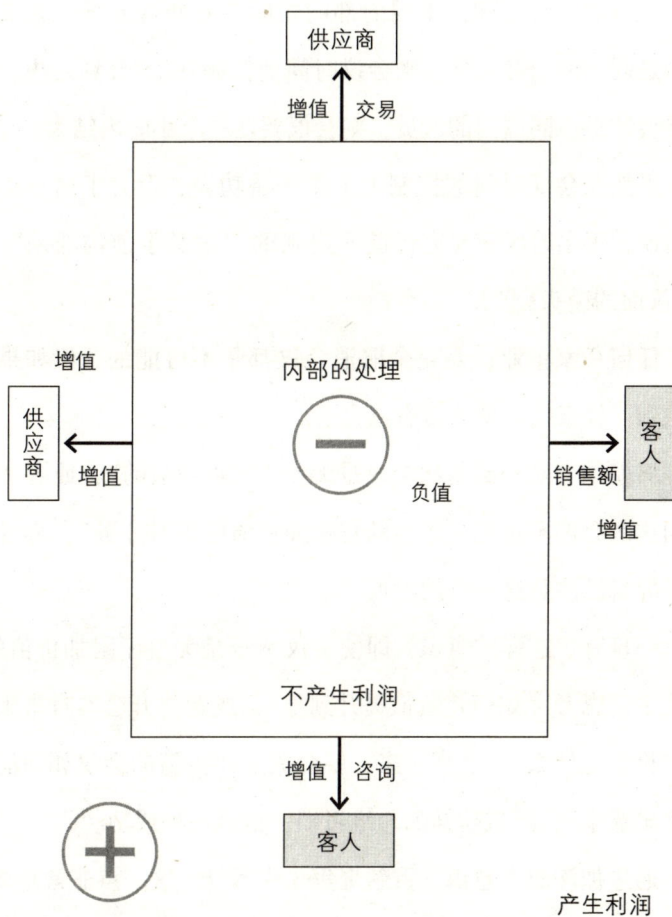

用丰田的基准来看，这就是"看起来很忙，完全没有在工作"。

通过加深成本意识，重新聚焦工作

丰田的会议时间，不同的部门之间会有些许差异。如果参会的是同一部门的人员，则会议时间要控制在 15 分钟之内。如果参会的是不同部门的人员，则会议要在一个小时内结束。

虽然在会议时间的控制上下了一番功夫，但为了这一小时的会议，很多时候还要完成前文提到的"发送事前沟通函"和"会议前的碰头会"。

任何一家企业，要完全取消会议都是不可能的。但如果能意识到一件事情，就非常有意义了。

那就是"意识到这次会议是无益于附加价值的"，或者"意识到这次会议不过是一次不具有附加价值的附带业务"，养成时刻提醒自己注意这一点的习惯。

一旦有了这样的意识，即使会议本身是无益于附加价值的，也能主动思考"如何将负值提升到零"，或者"开会本身带来的附加价值是什么"。这样一来，就会关注"负值的会议如何能够衍生出成果"，形成这样的思维习惯，也是一种成功。

通过加深成本意识，重新聚焦工作本身，这一点非常重要。

2 有"成本意识"的工作是什么样的？

▶时刻考虑"成本与成效的平衡"

我在指导美国波音公司时，曾向设计人员询问过每一个零部件的成本。对方竟然回答说："零部件的成本？我可不知道。我是搞设计的，跟成本没多大关系。"

于是，我换了一个问题："那成本是在什么时候，由谁来计算的呢？"得到的答案是："设计完成后开始进行商品开发，这时候会做出一个大概的样品出来，在这个阶段，由会计部门核算成本。"

设计部门仅负责设计，会计部门负责成本核算。设计阶段与成本核算阶段，少则相差2~3年，设计人员关注不到三年以后的成本问题。

一般来说，制造业的职能部门（企划、设计、开发等）应该负责策划新产品，开展产品的市场调查，进行设计研发等，实施产品量产开始前的工作。

几乎所有的公司都像波音公司一样，在设计人员完成设计之前，都不进行成本计算，直到进入量产阶段，会计部门才会开始核算商品的成本。无论日本还是美国，都是这样做的。

在这种模式下，设计人员在绘制图纸时，完全不会考虑后面阶段（量产）中的"成本"，只会专注于要求达到的"性能和质量"。

这当然会造成"控制整体成本"的意识淡薄。

不可否认，追求"性能和质量"可以设计出拥有最新技术的汽车。如果是设计感要求很强的车型，则技术和设计会对新产品产生增益的效果。从这些方面来看，设计人员的工作的确增加了附加价值。但即便如此，也必须时刻提醒自己"手头上的工作与成本之间的关联性"。

"使用这个材料的话，外观的确能做得非常好，但成本会提高三倍，还是别用这个方案了吧"——这类问题必须考虑到。在完全不了解成本的情况下绘制出来的图纸，可以说没有衡量好"性能、质量、成本"这三者之间的关系。

在产品的设计阶段，探索成本与销售效果之间的关联

不仅是汽车，其他行业对于成本的思考方式也都大同小异。

例如，出版社委托图书设计师进行图书设计时，设计师常常连使用的纸都要指定。从出版社指定的纸中选择能有效控制成本无限提高，但设计师往往不会在意成本之类的因素（因为并不是自己掏腰包，所以不关心金额），只会优先考虑设计，指定价格更高的纸，要求印刷加工使用特殊的手法（压花加工、

开特制的孔等），陶醉于成书的效果。

这样做确实能使书籍外观变得更加吸引读者，但如果"预算有限"，这个问题又该如何来看呢？还是一味地使用更贵的纸张，采用特殊的加工，才更有价值吗？这里谈到的"价值"，在于"使用指定材料，进行特殊的加工，到底能为产品贡献多少的销售额"。

无论哪个行业的产品，都需要时常考虑成本与销售效果之间的关联。

像上述这种情况，在设计阶段，不考虑成本就决定材料、零部件等，此后无论怎么控制成本，都存在局限。

汽车也是一样，设计阶段（上游阶段）已然确定了成本的绝大部分，在后工序的生产现场，即便付出再大的努力，也无法扭转成本在起始阶段就已经确定的事实。

因此，企业必须建立起这样的机制：从设计阶段开始，边考虑成本边开展工作。

3 所有利润取决于设计开发阶段

▶成本加利润的价格，无法赢得市场

"所有利润取决于设计开发阶段"，这是毋庸置疑的事实。

丰田销售新车型时，很多人认为售价是由丰田决定的。而事实上，车的级别、性能、质量等"市场价格"都是大致明确的，所以决定售价的并不是丰田，而是市场（客户）。

厂家在生产汽车时花费的"成本"基础上增加"利润"，"售价"由此确定。如果能按照这样的售价卖出去，自然就能获得利润。例如，80万日元的成本加上20万日元的利润，能算出售价是100万日元。如果能按100万日元卖出去的话，就非常理想了。

但汽车市场里有很多厂家、车型和系列，如果不是高端品牌、高端车型，而是普通车型的话，价格是根据"等级、排量、性能、质量"等由市场行情决定的。

在市场行情中定价100万日元的车型，如果丰田公司卖120万日元，在与其他企业的价格竞争中丰田必定会失败，结果就是要降价到100万日元。造成这种现象的原因，是"成本+利润=销售价格"的公式在实际中并不成立。

可能有人会说，既然"销售额=销售价格×销售量"，那么如果"销售量"增加的话，销售额也能提升，从结果来看，不就能带来"利润"了吗？

其实，无论哪个行业都是一样的道理，即使是丰田，也很难准确预测新车的销售量，或者按预期增加销售量。

新车型的策划要在上市销售的两三年前，由销售以"产品企划"的形式进行提案，想要准确预测三年以后的销售情况，实在不是那么容易的事情。

"成本"决定"利润"的原理

"售价"是根据车型、等级等信息，在销售前就被确定下来的，再加上"销售量"无法预测，所以要确保"利润"就会变得很困难。

那么，制造厂家怎么做，才能获得"利润"呢？其实，能做的只有控制"成本"。反过来说，只有坚持不懈地降低"成本"，才能保证"利润"（参考图表3）。

"利润金额取决于成本"，这就是本节标题"所有利润取决于设计开发阶段"的含义。

降低"成本"不仅能增加"利润"，还能在与其他企业展开低价竞争，或者在遭遇预料之外的汇率变动时将企业的损益分歧点维持在低点。这就是丰田上下全员致力于"降低成本"的最重要原因。

图表3　成本决定利润的原理

✗ 成本加上利润，得出售价

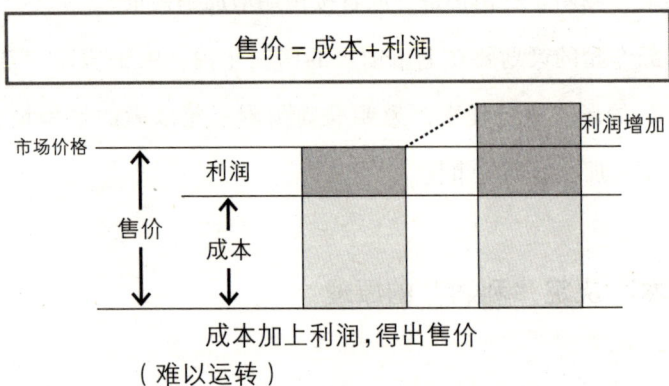

售价 ＝ 成本＋利润

市场价格

利润

售价

成本

利润增加

成本加上利润，得出售价

（难以运转）

⭕ 从市场价格中减去利润，得出成本

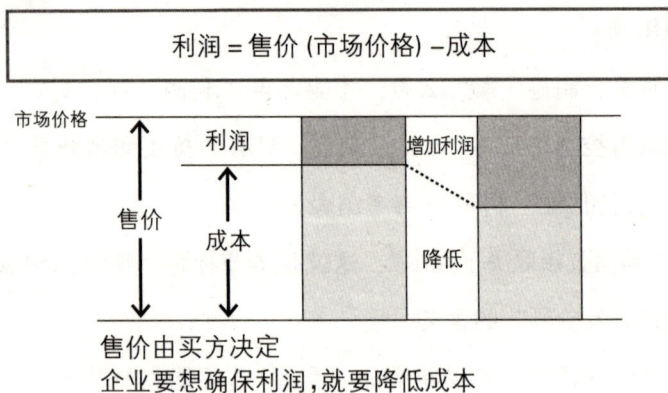

利润 ＝ 售价(市场价格) －成本

市场价格

利润

售价

成本

增加利润

降低

售价由买方决定
企业要想确保利润，就要降低成本

丰田最大的特征是"成本企划"

销售方提议"想将某种车推向市场",被称作"产品企划"。丰田为了实现新车型的面市,会选择一名统筹责任人,即"Chief Engineer(主查)",从产品的概念开始不断完善"产品企划"及"成本企划":

①产品企划,指从技术层面、设计层面研究新车型的车型和质量;

②成本企划,指从成本层面探讨新车型如何产生利润。

②中的"成本企划"是丰田的独有名词,很多人没怎么听说过。

大部分企业在提交企划书时,会计算总成本和成本率,但是往往将注意力放在"产品企划(性能、质量)"上,"成本企划"更像是顺带讨论的内容。

但丰田不一样,副总经理列席的"成本企划会议"每个月召开一次,会在量产阶段前定期召开,以便持续将成本控制在预计值内。

也就是说,"产品企划"与"成本企划"是共同提出的。参会人员要从成本的层面出发,持续地探讨"产品企划"。这就是"成本企划(会议)",是丰田汽车制造的最大特征。

在早期阶段打磨"成本"，确保利润

重视成本的原因，首先是"售价（市场价格）"在产品企划阶段就已经决定了，要想真正获取利润，"降低成本"是唯一的方法。

当然，还有一个更关键的原因，那就是大幅影响成本的材料、设备、工序等预算，在设计开发阶段就已经定好了。

如图表 4 所示，随着设计开发的进行，越往后的阶段，成本降低的空间就越小。而从设计开发（成本企划）的上游阶段开始降低成本，是最有效的做法。

图表4　成本降低效果的示意图(举例)

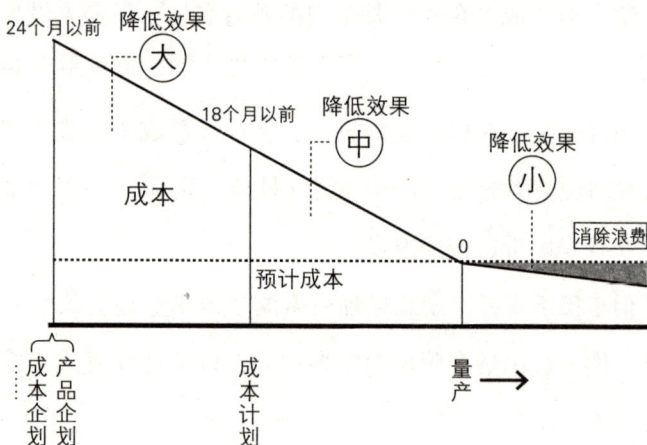

4 | 丰田为什么重视成本降低？
▶依靠所有员工的努力和钻研，才能实现目标

我曾给很多企业做过指导，针对大家对丰田的一些意想不到的误解，有时实在不知道该怎么回答。

例如，有人问我："与增加销量相比，丰田是不是更加重视降低成本？"

降低成本是必须做的，但在丰田看来，增加销量还是要排在第一位。如果销量能够按照预定计划增加，成本（率）自然会下降，这是一举两得的好事。然而，事情往往没有那么顺遂。

正如前文提到的，根据车型的级别不同，售价最终是由市场行情决定的，不可能完全依照丰田的想法定价。因此，丰田必须通过努力"降低成本"来确保"利润"，这就是丰田积极投身"成本降低"的原因之一。

但这并不是丰田重视降低成本的唯一理由。

职能部门，更应该通过改善产生利润

首先，我们来看一下员工和组织的结构。一般来说，企业可以分为"直接对销量有贡献的部门"，以及"不对销量直接起

作用的部门"。

在丰田，营销、市场等部门会直接为销量带来贡献，总工程师（主查）也能通过设计研发，为促进销量增长而努力。

而除此以外的大多数部门，如总务、人事、总经理办公室，以及在工厂里工作的大部分员工，并没有从事直接增长销量的工作。像会计部人员，别说是销售了，连生产也不接触，有人甚至会在背地里说"会计部经理的存在本身就是成本"。

所以，这些部门一定要思考：到底应该怎么做，才能降低成本，改善工作，为公司利润做出贡献。

正在开展的工作是否有附加价值，判断的基准是："能否产生利润"。而产生利润的方法，有以下两种：

①这项工作的内容，对外是否增加销量，产生利润；
②这项工作的内容，对内是否降低了成本。

即使和销量没有直接关系的部门，也可以通过"降低成本"做出贡献。例如，图表5中，包括总务、人事等在内的职能部门都可以开展"降低成本"活动，都能为全企业的利润做出贡献。

所有员工都能通过"降低成本"为企业带来利润，所以丰田特别重视"降低成本"。

图表5　如果能降低成本,那么无论哪一个部门都能贡献利润

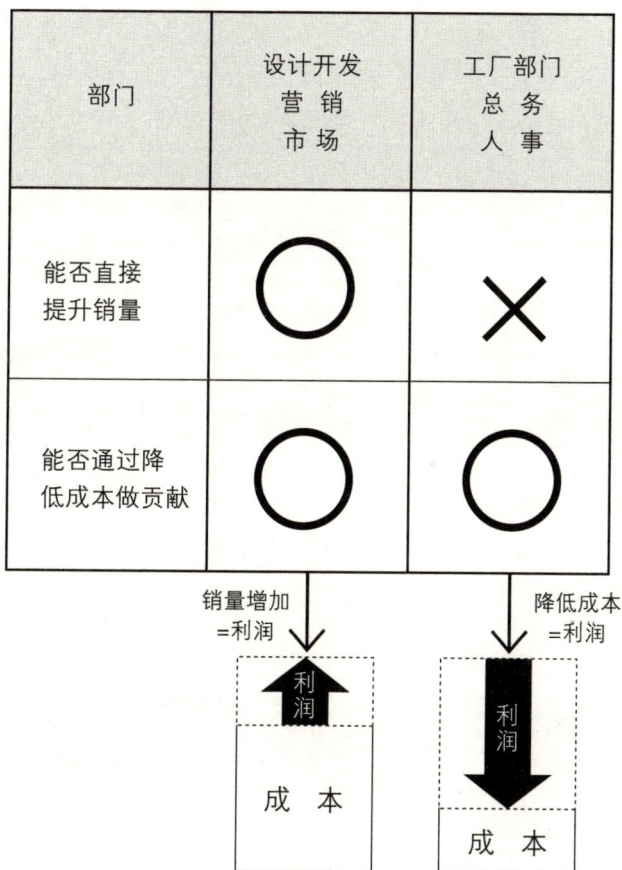

部门	设计开发 营　销 市　场	工厂部门 总　务 人　事
能否直接 提升销量	○	×
能否通过降 低成本做贡献	○	○

销量增加
=利润

降低成本
=利润

利润

成　本

利润

成　本

企业内的不同部门,对利润的贡献方式是不一样的

而"销量增加"会受外部因素干扰,不一定能够实现。

第 二 章

丰田降低成本的展开方式

→梳理出各个产品的成本，推测其他公司的成本

很多企业说"要降低成本"。但他们所说的"成本"指的是什么？实际上，"成本"有几种形态，如果要考虑"成本降低"，就必须从各个产品的成本、各个零部件的成本开始。本章将对如何迈出降低成本的第一步做出说明。

1 "降低成本" 从哪里入手？

▶ 要正确梳理出各个产品的成本

"丰田怎么能对成本管控细致到这种程度？"

让我们先从这种惊叹开始说起。

一谈起"成本管控"这个话题，大部分人就感觉"太细了，好麻烦。"而事实上，这正是丰田的底气所在，是其他企业模仿不了的核心竞争力。首先，你必须意识到这一点。

要想降低成本，首先要把握当前成本的准确数据。不这么做的话，就无法评价成本是否有所下降。这里所说的成本，是指"各个产品的详细成本"。

那么，你所在的企业，工厂的照明费、电费是不是以"工厂电费"的名义来进行统一管理的呢？

是否有按楼层来管理电费呢？

是否会根据不同的商品，计算出"电费花了多少钱"呢？

即使是操作用的手套，很多工厂也只会将其整体作为"消耗品"进行统一管理，不会计算出"各个产品的成本"。

而只有开始记录成"在制造这个产品时，5 月 9 日用了手套8 个，毛巾 13 条"，才能计算出"各个产品的成本"。不将这个操作形成习惯，就无法算出各个产品的成本。

丰田工厂的成本管理中，一定会将"各个产品、各个零部件、各组，什么东西用了多少"，全部进行分类。(详细内容请参考第二章第 2 节)。

把握成本要精确到一杯咖啡的程度

或许有人听到这些话会感到厌烦，感慨"职能部门真好"，其实不然。因为这种思维方式，同样适用于职能部门。

例如，企业内召开会议所需要的花销，并不只有出席员工的人工费。为了进行记录，用了售价 10 日元铅笔笔芯的十分之一，成本就是 1 日元。而 15 人的会议，铅笔的消耗量是 15 日元。此外，会议中，企业内的咖啡和茶水，所有人员都要喝，成本为 1 杯 8 日元的话，就是 120 日元。这时，还要加上纸杯(丰田从几十年前开始，就由员工自行负担咖啡和茶水)、会议室的电费等。

"虽说是丰田，但这也未免太细致了吧?"

也许你会这么想，但想要做到"把握各个产品的成本"，就应该这样做。

提高成本的精度，就能推测出其他企业的成本

要想准确地掌握成本，就不能有例外。就像按作业员、按流水线去分类一样，一定要抓住最小的单位。

然而对于一些细碎的费用，大部分企业虽然采用了"费用分配"的处理方法，也不过是"随手花钱"而已。

例如，生产量大的流水线，要根据生产量来承担材料费用，根据部门人数来分配电费。

但如果这么做，就无法准确计算出"各个产品的成本"。

关键就在这里，要进行精确的计算，然后根据计算结果掌握实际情况，分产品掌握成本，要建立起这样的机制并实施。

如果不能做到这一步，就无法掌握各个产品的成本。

另一方面，彻底梳理出"各个产品的成本"，还会带来其他效果，那就是大幅提高"成本的精度"。随着成本精度的提高，每一个人都能切身体会到自己在成本降低方面所做出的努力。

此外，在拆解其他企业的车型时，即使看了外协厂提交的成本明细单，也能够准确地推断出对方真正的成本。这个话题，会在后面的章节中讲到。

2 "成本降低" 应如何开展？
▶在钻研及改善中积累详细数据

努力"降低成本"，要从准确了解各个产品的成本开始。准确度的高低，决定了成本数据的精度。

以会议中使用的铅笔、咖啡为例。像这样每天产生的成本，丰田都会做好认真的统计，而各个产品的成本，也都一目了然。

"丰田的会计人员，想必很辛苦吧"，也许你会想到这一点。但其实数据收集是组长（Group Leader）等现场负责人的工作。他们会在现场收集详细的数据，并进行成本的管理。

每天的成本管理数据，包括切削油、粗白线手套、安全鞋、纸杯、打包带、毛巾（擦拭油污的布）、防止手部皲裂的防护手套等所有要素。像防止手部皲裂的防护手套，今天一副是 20 日元，使用了 45 副，换算成金额就是 900 日元。产品名称、型号、单位等的分类也会分别做出详细的记录。

使用过的消耗品，材料金额及个数，每天也会分成小单位进行统计，如"在卡罗拉的发动机作业中，哪个作业小组用了什么"等，"分车型、分零部件、分组别等记录的成本"都非常清晰。

丰田能够自动收集和统计数据

图表 6 就是这样的一个例子。看了这么详细的资料（实际资料无法公开，但会做得更细）后，很多人会特别惊讶，好奇"做这个资料到底要花多长时间""仅录入数据就很费时了吧"。更别提还要根据如此庞大的资料制作出图表，进行分析，想想都令人头昏脑涨。

其实，录入操作并没有那么大的工作量。现在的自动化手段很先进。即使用了 5 个纸杯、3 个打包带，只要通过扫描枪，就可以录入耗材的名字、价格和使用量等，而图表也能够自动生成，并没有想象中的那么烦琐。

丰田的最初目的是"成本降低"，也就是找到消除浪费、降低成本的方法。

为此，获得"准确的成本数据"是"降低成本"的必要环节。对所有的产品，都要努力掌握经费数据，且获取数据的工作量要尽可能控制在最小范围内。在这一点上，丰田贯彻得非常好。

图表6　耗材工具费的录入实例

资材型号	品名	型号	单位	数量		差异	金额(千日元)	
				预算	实绩		预算	实绩
AB-111	打印机标签	23X85	KO	70,000	32,457	37,543	238	110
AB-112	手套	手套	SOU	4,500	4,752	-252	113	119
AB-113	生产使用的切削油	B-183	L	390	330	60	50	43
AB-114	清洗表面处理剂	R-705	L	39	37	2	18	15
AB-115	毛巾	B40×40	KO		1,250			15
AB-116	抹布(白)		15KG		55			8
AB-117	杯子(纸)	150CC	KO		100			0
AB-118	打包带	CV-200	KO		100			0
AB-119	皮套	S	KO		3			6
AB-120	记号笔	白色	KO		38			5
AB-121	2级防尘眼镜	S	KO		2			4
AB-122	防止手部皲裂的手套	均码	SOU		45			9
AB-123	便利手套	S	YOU		40			27
AB-124	安全鞋	CF211-B	SOU		–			0
AB-125	火花管	FS-5-6×4	M		2			0
AB-126	色带	TR-AC-03	KO		4			11
AB-127	灯泡	LW110V-40W	KO		3			0
……	……	……	……		……			……

3 丰田是如何对成本进行会计处理的？
▶分为"企业会计"与"成本管理"两种

相信会计人员对以下内容一定非常了解：

①企业会计维度的成本；

②成本管理维度的成本（在"成本降低"中起作用的"各个产品的成本"）。

这两个方面是完全不一样的。

例如，财务报表里有一项折旧费（企业会计方面）。丰田公布的 2016 年 3 月的折旧费约为 8000 亿日元（相当于①），而大部分的员工，对企业的折旧金额并不感兴趣。这是企业高层、股东关心的指标，也是专业学习这方面知识的人才能看懂的数字。

划分出现场、设计人员、全体员工都能运用的"成本"（相当于②）领域并进行计算，让任何人看了都能明白做哪些事情能对"降低成本"起作用，这很重要。而前文提到的由组长详细记录"手套、抹布等使用信息"，也是出于这些原因。

丰田会计的"左右手"

如果说会计部只负责财务相关的内容，而现场的成本管理全权交由组长负责，也是不对的。丰田的会计部与其他企业的不同，实际是用两只手来开展工作的。这两只手分别是：

· 企业会计（法律）方面的会计人员
· 成本管理（降低成本）方面的会计人员

其中，"企业会计方面的会计人员"与其他企业相同，在总部开展工作，负责一般的会计事务。还有一类"成本管理方面的会计人员"，虽然有些人员从属于丰田的会计部门，但大部分如图表7中所示，被分配到了设计部等职能部门，或者工厂部门内的各个组织。

他们负责建立起现场的数据，构建机制，并形成成本管理体制。这些工作，需要会计的专业知识，所以需要他们这样的专业人员来开展。

现场的组长有自己的本职工作，像录入条码这样简单的工作，可以让生产现场的组长、设计部门的工程师来做，毕竟术业有专攻，建立掌握成本的机制，还是需要由会计部门派来的会计人员来负责。

这些会计人员还要承担一项很重要的工作，那就是现场的

图表7　会计部分"左右手"对应

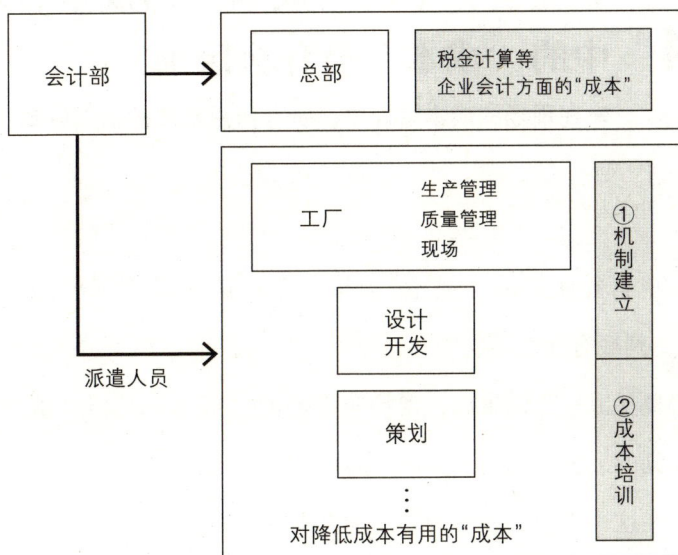

成本培训。成本到底是什么？如何实现成本降低？这与自己的
工作有什么关系？向设计人员、现场作业员培训这些内容，从
而帮助他们在成本降低方面做出贡献，是此类会计人员的使命。

　　这项工作必须借助会计部门的力量。

4 企业会计中的"成本"与成本管理中的"成本"有什么区别?

▶在现场的成本管理中,所有费用都要被纳入成本

企业会计中的"成本",与生产现场成本管理中的"成本",到底有什么不同呢?

概括成一句话来说,现场所需要的"成本"是指"能切实感受到的、没能成为产品部分的成本(支出)"。

在这一点上,两者有着天壤之别。

例如,有两个不合格品,从"企业会计方面的成本"中无法感受到由于不合格品带来的成本上升。但是,"成本管理方面的成本"会将这两个不合格品对应的成本包含进去。

此外,两者对折旧费的处理方式也不同,"模具费"往往出现在汽车企业和家电企业,如果从企业会计的角度来核算,一般是两年产生折旧,"工装费"也是两年折旧。

而实际上,模具的寿命(平均寿命)往往有四年,所以按四年计算更符合实际情况。然而,在企业会计中,到了第二年就要加上模具费和工装费,计算出来的成本要大大超过实际使用的成本。

相反,到了第三年,模具费、工装费在企业会计中就变成

了零。其实什么也没做，但表面上看到的是"成本降下来了"。明明只是恰好处于降低成本的过程中，企业却误以为"成本降低了"，导致判断出错。

因此，成本管理中的成本计算，是"按四年进行平均折旧"的。如果实际的模具寿命只有一年，那么就会按照真实的情况以一年进行计算处理。这么做，才符合真实情况，才能真正计算出"准确的成本"。

设计开发费用也是一样的道理。日本企业在这方面得到了很多政策优待，即便花了 100 亿日元，甚至上千亿日元，企业会计都会按一年折旧。但是，既然模具的寿命有四年，就应该按四年平均折旧来计算（当然，企业会计还是会按一年计算）。

处理方法与计算方式不同，企业会计中的成本计算值也不同。这些有关成本方面的知识，职能部门也应当掌握。

构建降低成本机制，是会计的工作

前面我们提到丰田的会计大致分为两个部分，其中一部分会在现场负责成本管理的工作。其他企业在试图导入这一机制时，产生了各种各样的摩擦与争议。

首先，会遭到会计部的强烈反对。理由很简单，因为会增加多余的工作。但是，这对企业整体而言，是十分有价值的工作。我甚至时常在想，哪怕把一般的企业会计工作减半，也要把重点放在各个产品的成本管理上。

为什么呢？因为如果按各个产品梳理出成本，并采取降低成本的措施，经过半年到一年以后，就会产生利润。正如图表8中所示，"成本管理"是为了在未来的某个时间节点，为企业创造利润。

图表8　创造未来利润的"成本管理"概念图

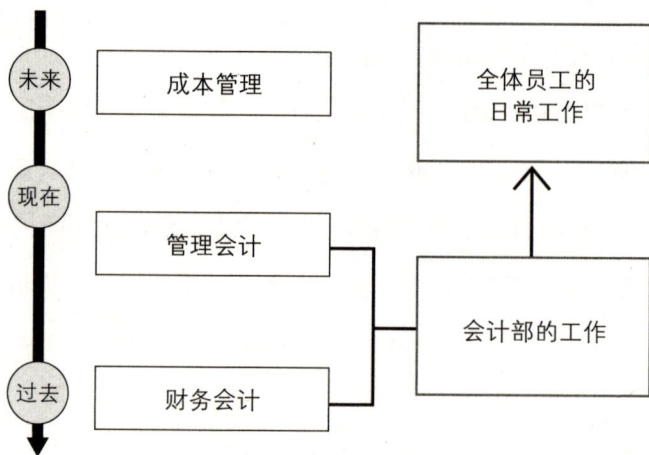

但是，现在会计部的财务工作，无非是在收集半年前或者一年前的业绩结果后，进行汇报而已。

这叫作财务会计，企业不可能从中获得"贡献未来利润"的信息。

在半年以后才知道公司赤字时，即使管理高层紧急下令"想办法赢利"，却为时已晚。相比而言，企业应该重视的是

"现在的成本情况，是否赢利"，以及"今后应该采取什么样的措施"。

我们应该经常琢磨这些内容，如果遇到阻碍，要迅速采取对策。从进入丰田会计部工作的第一天起，我就被灌输了"在各现场建立起降低成本的机制是会计部的工作"这一理念。

这就是丰田的会计人员并不觉得有什么不自然，但丰田以外的企业总是难以接受的原因。

"降低成本"的相关数据要公开

成功打入越南市场的一家机械企业，找到我时诉苦说："我对员工们说，请协助公司一起降低成本，但谁也不愿意出力。"于是我提议"将成本公开试试看"，他拒绝道："成本是机密内容，恐怕不行。"确实，如果是会计财务方面的数据，一旦公开，借款金额、应收账款金额都将公之于众。还有一些规模比较小的部门，公开人工费，就能推测出其他员工的年收入，的确存在一些弊端。

然而，我想强调的是成本管理中说到的"各个产品的成本"。

自己从事的工作与制造出来的产品的成本之间到底是什么关系？到底应该怎么努力才能降低产品的成本？员工在什么问题都不清楚的情况下被要求"降低成本"，当然不知道应该干什么。

　　每一个员工都应该了解成本和自己的工作是如何关联到一起的。要做到这一点，"各个产品的成本"是不可或缺的信息，必须公开。

图表9　企业会计的成本数据与成本管理的成本数据，
**　　　　两者之间的差异**

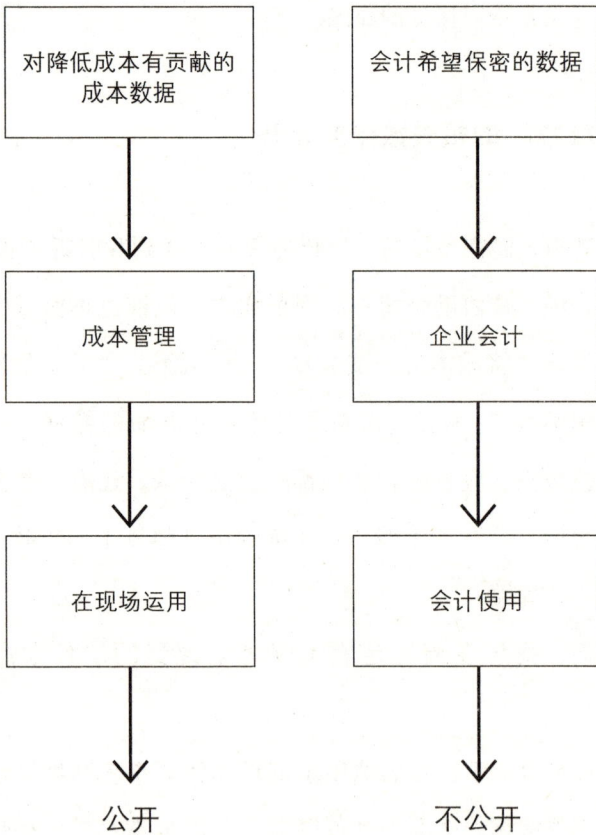

对降低成本有贡献的成本数据	会计希望保密的数据
↓	↓
成本管理	企业会计
↓	↓
在现场运用	会计使用
↓	↓
公开	不公开

5 成本难道不止一种？

▶根据目的不同，成本主要可以分为四类

企业会计中的成本计算只有一种方法，目的是准确控制税费。

而现场的成本计算，却不局限于一种。

从右边看，"成本"是 1000 日元，而从左边看，"成本"是 800 日元。同样都叫"成本"，但根据工作的种类和使用场景的不同，会存在各种各样的计算方法。

也许这个话题会让很多人感到惊讶，但这才是"现场需要的成本"，而大部分企业仍然不能区别使用。

一下子要介绍所有的计算成本的方法有些不切实际，但我们可以看一下其中四种比较典型的计算方式，学习其中的使用方法，找到思考的切入点。

算出"用于成本管理的成本"，有以下四种计算方法：

①经济性探讨；

②自制、外协探讨；

③损益分歧点；

④差额成本与绝对成本。

接下来，我会逐个展开为大家说明。

6 成本计算① 经济性探讨

▶按每一种选项分类进行损益计算

首先,"经济性探讨",简单来说就是损益计算(参考图表10)。

例如,如果有1亿日元的资金,有哪些使用的方法呢?有存入银行、购买债券、买保险这三个选项。究竟哪一个才能让企业获利,计算这一结果的方法便是"经济性探讨"。

一般的成本计算,有时会得出错误的结论

例如,设计眼镜框时,一般会考虑使用树脂(塑料)、铝和钛等材料。假设把树脂和铝作为眼镜框的备选材料,两者之间不存在性能上的差异,企业或许会单纯地选择成本低的材料。然而,这家眼镜制造商已经拥有了用铝进行眼镜制造的设备和工序。

在普通的成本计算中,除了材料费之外,设备的折旧情况也要考虑。这样一来,会计算出这样的结果:用铝的话是1000日元,用树脂的话是800日元,树脂比较便宜。

图表10 四种成本计算方法——计算出用于成本管理的成本

	种类	内容	管理方面使用方法的注意事项
①经济性探讨 根据决策产生的成本变动	可变费用	·由于决策而产生变化的费用	·经济性探讨(损益计算)的区别方法 ·是站在长期视角来看,还是短期视角来看,需要考虑(既有设备如果以长远眼光来看,是可以更新的)
	不可变费用 (埋没成本)	·不因决策而产生变化的费用(既有设备的折旧程度)S	
②自制、外协探讨 成为成本源头的条件的差别	实绩成本	·根据价格、使用量、单个生产数量的实绩,计算出来的成本	·需要根据用途区分使用 例如,实绩成本中,包含对应期间发生的特殊费用
	标准成本	·以标准的生产条件为前提的成本	
	预想成本	·根据对未来的价格、使用量和生产个数的预测,计算出来的成本	
③损益分歧点 根据生产量变化,成本发生变化	变动费	·生产量变化,导致发生费用的变化	·不一定根据费用项目来确定
	固定费	·发生费用不因生产量的变化而改变	
④差额成本 绝对成本 目标成本的范围	差额成本	·由于各种替代方案而产生变化的成本 ·只有变更部分的成本	·差额成本能够除去效率性必要项目以外的成本变动要素
	全部成本 绝对成本 (所有成本)	·包含了所有费用的成本	

　　然而,经济性探讨并不是这么做的。既然企业已经配备了用铝制作的设备和工序,那么铝材的设备折旧费就是零。由于没有用树脂进行制造的设备,所以还需要采购专用的设备。

这样一来，铝材的设备折旧费为零，重新计算就会发现：如果选择铝作为原材料，仅用 500 日元就能生产出眼镜框，更便宜。而这一结论与普通的成本计算完全相反。

因为已经有对应的设备，所以铝当然是首选。但在一般的成本计算中，设备费用也是必须考虑的因素之一，会计人员常常会因为"成本只有一个"（必须购买新设备）的固有思维，得出错误的结论。

7 | 成本计算②
自制、外协探讨
▶用于探讨零部件是外协还是自制

接下来，我们谈一谈"自制、外协探讨"是一种什么样的成本计算方法。

对大部分企业而言，总有一部分业务需要外协（外包）。有时候是因为不具备某个零部件的制造技术，有时候是因为没有时间去掌握某方面的技术，但大部分的原因是外协比自制要便宜。

某个零部件由自家企业制造需要 100 日元，而外协预计需要 80 日元。这时，基本上所有的企业都会选择外协。然而，如果分析这 100 日元的内涵，就会发现这里面包含了折旧费和人工费。

这是不容小觑的。假设自制费 100 日元中包括了 20 日元的折旧费和 50 日元的人工费，那么即使这部分工作交给外协，折旧费的 20 日元和人工费的 50 日元也不会从企业内部消除。

也就是说，在这个零部件上，真正的外协成本应该是"20日元+50 日元+80 日元＝150 日元"。因此，与自制的 100 日元相比，外协费并不是 80 日元，而是 150 日元（参考图表 11）。

图表11 自制外协探讨——自制费内容的详细分析

①外协更便宜

100日元

自制费
100日元

80日元

外协费
80日元

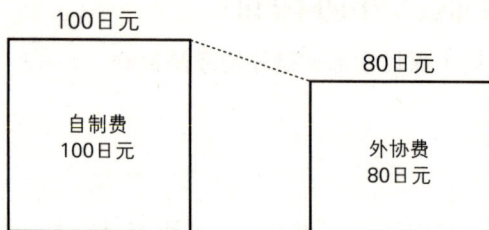

②分析自制费的内容

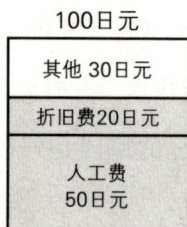

100日元

其他 30日元

折旧费20日元

人工费
50日元

③自制的成本要低很多

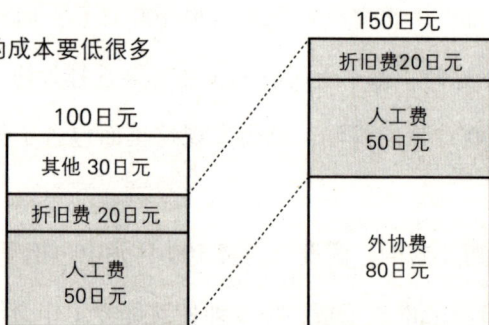

150日元

折旧费20日元

人工费
50日元

外协费
80日元

100日元

其他 30日元

折旧费 20日元

人工费
50日元

　　这便是"自制、外协探讨"。在丰田，研究自制还是外协时，会使用这一成本计算的方法。运用了以后，发现其实自制远远优于外协。

尽管如此，会计在进行一般的成本计算时，仍然很容易陷入"交给外协更便宜"的"成本惯性思维"的陷阱。

现实中，由于思考的方向和角度不同，"成本"会发生变化，这正是"成本的本质"，需要大家有充分的认识。

8 | 成本计算③
损益分歧点
▶在把握降价空间时使用

第三个成本计算方法，将提到"由于生产量变动而引起的成本变化"。

一般情况下，每个产品的成本将根据生产数量的变化而有所不同。生产数量越多，固定费用的部分就越少，边际利润就会发生变化，这一点相信大家都非常清楚。也就是说，这一类的成本计算在于"损益分歧点"。

"损益分歧点"，从字面上看，往往会理解成"损失和收益的分歧点"。但实际上，它是一个评价"经济不景气时的优势和抵抗力"的指标。

如果损益分歧点处于高位，只要订单量减少了一些，企业就有落入赤字的风险。相反，如果损益分歧点处于低位，即使市场形势不太好，也能够扛过去。我们可以通过这种方式，来把握企业的优势和抵抗力的程度。

在降价、奖励等方案的制订中很有用

在丰田，这一类成本计算方法常常用于应对降价、奖励（回馈金）等方面。例如，将销量不理想的汽车委托给4S店去销售时，工作人员分析损益分歧点并拜托4S店："一台汽车的批发价是100万日元，如果你们能帮忙销售，还能再便宜20万日元，希望你们能够积极推销这款车型。"

这种情况下，"能付出20万日元的奖励（即便让利给4S店，也仍然能够赢利）"的根据，就是从损益分歧点的成本计算方法中得出的。降价幅度方面也是同样的原理，如果不能准确定价，就会造成巨大的赤字。

销售价格的临界点，就是依靠损益分歧点的成本计算方法得出的。实际上，这种成本计算方法往往会在销售总部下达指示时使用，而不会用于个别经销商的销售店。

9 | 成本计算④
差额成本与绝对成本
▶根据降低成本的目的，分为两种

第四种，"差额成本与绝对成本"指的又是什么呢？

举个例子：假设部门 A 中使用的材料发生了变更，成本从 100 日元降为 97 日元，减少了 3 日元。而另一个部门 B，同样因为替换原有材料，成本减少了 5 日元。

像这样，比过去减少了 3 日元、5 日元，就是"差额成本"。综合统计上述案例中的"差额成本"，一共减少了 8 日元。

然而，进行统计以后，"结果并不是 8 日元，而是 6 日元"的结果并不罕见。

这 6 日元就是"绝对成本"。

这不仅是其他企业出现的情况，过去，丰田也曾因采用差额成本的方式，经历过惨痛的教训。

这到底是怎么一回事呢？在最初的阶段，丰田的设计部门分别减少了 2 日元和 7 日元（总计 9 日元）的成本，但是到了量产阶段，往往只能节省 6 日元，而不是 9 日元。

为什么实际节省的成本与最初计算的结果有出入呢？

相关部门的确减少了材料费，但只是从旧材料置换成新材料。有的部门由于材料加工精度做得不太好，会多切一点，或者损耗一点，这方面的问题增多了，成本就会增加。

生产制造关系到很多工序，过程很复杂。所以，部门之间无法顾及的部分，成本往往会上升，这是成本的特性。

由于存在"此消彼长"的负相关关系，所以即便每一个部门都说"我们成功降低了成本（差额成本）"，实际计算总体成本是否降低时，他要依据"绝对成本"。

那么"差额成本"是不是就没有任何意义了呢？并不是。当需要迅速估算出成本时，"差额成本"会发挥很大作用。

综上，"差额成本"可以作为简易法来使用，而整体需要依据"绝对成本"来衡量。企业应根据目的区分使用这两种成本概念。

不善于做成本计算，就无法做出关键判断

在丰田，提交申请书时，必须证明从项目来看"哪个更有利润"。这时，一般会通过计算损益的"经济性探讨"来进行成本的比较，而不是一般的（企业会计）成本计算。

如果不能通过经济性探讨来证明，这份申请书是不会通过的。

所以，无论哪个部门、哪个人员，只要不能掌握各种用途

的成本计算方法，就无法开展工作。顺便提一句，金融机构、保险公司等向投资方汇报时，也会运用计算损益的"经济性探讨"来进行核算。

如果是要告诉销售店"降价幅度应以多少为宜，让利让到什么程度"，则要以"损益分歧点"来进行计算。如果不这么做，就无法做出关键性的判断。在这一点上，物流行业等也是一样，成本计算的知识并不是制造业的专利。

在丰田，别说设计开发、生产技术、设备、企划和工厂现场了，采购部门要从零部件厂家采购零件时，也全是靠自己来核算"不同目的的成本"的。

也正是因为有这些点滴的积累，丰田才能在成本控制上变得如此强大。

图表12　成本降低的对象与实施部门

			费用	分类的思路	实例
制造成本	直接材料费		材料费	加工所需要的材料,应逐个把握每件产品所需要的使用量	钢板、钢管、涂料等
			零件采购费	外部采购的零部件·组件	轮胎、收音机等
			ASSY（总成）采购费	总成制造商的材料费、加工费等	模块（零部件集合体）
			加工损耗费、处理费	对实际成本的修正	材料不良、加工不良、边角料的残存价值
	加工费	制造部门的费用	劳务费	人工费	工资、奖金等
			折旧费	设备·厂房等	折旧费
			间接材料费、工具特定经费	加工中直接或间接需要的费用,应逐个把握每件产品所需要的使用量	辅助材料费、保全费、使用费、消耗性工具费等
			辅助部门费	对于生产起到辅助作用的部门费用	生产技术、生产管理、公务的费用
			试验研究费	研究开发部门的费用	技术部的费用

10 丰田为什么能推测出其他企业的成本？

▶拆解竞争车型，分析零部件成本

前面我们学习了成本计算的主要方法。

这一节，我将带你看一看为了准确把握成本，丰田是如何从其他企业的产品中推导出成本的，以及丰田订购外协零部件时的详细调查方法。

首先，是要推断出竞争对手的成本。丰田会将汽车拆解成各种各样的零部件，梳理出这些零部件的价格、性能和制造工序，然后计算各个成本。这个过程叫作"TEAR DOWN"。

其次，订购零部件时，丰田要求供应商必须提交"估价单（成本明细单）"，由采购负责人负责核查该零部件的成本（参考第二章第11节）。

除了材料，工序和加工方法也能了然于心

先说说将汽车拆解以后进行分析（TEAR DOWN）的方法。

例如，通用汽车上市销售新车型时，丰田至少会买入两台这款新车，其中一台以整车的状态用于各类测试，另一台会完

全拆开，检查到底使用了什么零部件，并把收集到的信息数据化。

此外，日产、本田等日本本土车型，丰田也会买来进行拆解。以一个零件为例：这个零件是什么材质的？在什么工序、用什么加工方法加工而成的？性能如何？成本大概是多少？和丰田目前的零件相比，成本是高还是低？所有这些内容，丰田都会梳理出来。

如果成本比丰田要低，丰田就会深入研究，学习对方的长处。

其他汽车厂家在哪个部分花费了哪些心思，实现了多少的成本降低——像这样将实物拆解开来逐个确认，就能将竞争对手的零部件彻底了解清楚。

为什么能拆解到零部件价格、设备和工序？

为什么丰田能判断出"这个零部件比丰田用的要便宜 5 日元"？这是因为，丰田会将对方的零部件和丰田自产的零部件进行比较。

例如，发动机的某个结构零部件比丰田产的要便宜，其中的判断基准之一是"结构零部件的数量"。丰田在这个结构零部件（总成/组件）上用了 10 个零件，而这家工厂用了 5 个零部件就达到了相同的性能。这样就能大致推断出成本是多少。

据此，丰田还能推算出对方使用什么样的设备、用了几道工序制造出了这个零部件。丰田要用四道工序生产的零部件，对方只需要三道工序，如果做出了这个判断，丰田就有深入研究的空间。

其他企业使用领先于丰田的零部件、制造方法，是常有的事。因此，丰田会经常更新自己的知识、经验和诀窍。稍有落后就要改良，争取能赶上其他厂家。没有这样的精神，就只能是井底之蛙。

当然，世界范围内的汽车制造商都在开展同样的工作。

但是，没有比丰田更能准确把握成本的汽车制造商。

如何才能推算出准确的成本？

为什么可以得出这样的结论？因为其他制造商都没有像丰田一样梳理出如此细致的成本要素。日常的一根铅笔、一条毛巾、一根打包带和一个纸杯，丰田都能做到"价格×使用量"式的成本管理。

这取决于每天的积累。各个产品的成本，要在每天的工作中梳理出来，如果不做这方面的训练就无法做出"最终成本到底是高了还是低了"的判断。在这方面，其他制造商和丰田有着巨大的差别。

我在丰田任职时，也曾经拆解过整车，推算出每一个零部件的成本，所以会想当然地以为测算成本是每一家企业都能掌握的。然而，从事咨询师工作以后我才发现，大部分企业并没有做好这方面的工作。

相比之下，丰田公司里面既有专门拆解整车的团队，也有评价车型的团队，甚至还有专门用于展示拆解后的零部件的房间。

TEAR DOWN 并不局限在技术部门，采购部门也在开展。在日常工作中，丰田一直在磨炼自己测算成本的能力。

11 | 丰田为什么连零部件厂家的成本都能推测出来？

▶从"成本明细单"中把握技术力

丰田有 70% 的零部件依靠外协，自制比例只有 30%。

外协件的比例很高，意味着要想控制整车的成本，必须针对各个零部件向供应商进行价格方面的交涉。

因此，为了了解外协件的成本，丰田会要求供应商提交"成本明细单"，并从中推测出成本。成本明细单包含了设备折旧费、材料费和材料成品率等，只要看懂这份成本明细单，丰田就能掌握对方的技术能力。

通过"成本明细单"的传递，加强信赖关系

我曾到 Y 企业担任过指导师。这家企业的收益非常差，陷入朝不保夕的状态。经过调研，我发现该企业外协比例超过了 80%，而且主要供货商 P 企业的零件单价，与市场行情相比，高出了许多。

于是，我建议 Y 企业让 P 企业提交成本明细单，看看对方的零件单价是否合理。当时，对方严词拒绝了我的提议，说：

"要是做到这一步，今后他们可能就不会再和我们合作了。"

虽然买方被卖方压价的情况并不少见，但是实力平衡也不应该完全被颠倒。

至少，在我的经历中，因为要求提交成本明细单而停止交易的情况还从来没有出现过。而且，有六成的企业都会答复"让我们研究一下"，所以根本没有必要担心。

我花了很大功夫说服了 Y 企业的社长，并和 P 企业商量零件减价的问题。当时，我带上资料，向他们提出建议："这个零件感觉贵了不少，有没有可能因为是以这种方法生产的，所以成本上去了？如果是这样的话，只要改良两个地方，应该就可以降低成本。"

结果，P 企业的反应着实让人意外。

"原来是这样啊，我们从来没有这么想过。或许正如您所说，如果图纸这么修改一下，就能进一步降低成本。我们回去好好讨论一下。"对方反而提出了自己的想法。

最终，零件单价成功大幅降低，Y 企业和 P 企业的信任关系也得以更加稳固。

如果因为 P 企业的零件单价过高而导致 Y 企业倒闭，那么 P 企业也将失去重要的客户，蒙受损失，这一点毋庸置疑。

这个例子的教训真的是太深刻了。

了解市场价格的人，要引导零部件厂家

让供应商提交类似图表 13 中的成本明细单，计算出成本，进行降价谈判，也许会被认为是欺压供应商的压价行为。但这其实是企业与供应商在共同面对严峻的竞争市场时，为了存活下去而并肩作战的姿态。

例如，当企业将一款车型推向市场时，由于该车型的等级决定了它的市场价格（售价），倘若不以这个市场价格销售，就不能吸引消费者的目光。换句话说，在市场价格的指导下，不能依据产生利润的成本制造出来的产品，不是合格的产品。

在市面上销售的最终商品，是由谁来制造的呢？如果是汽车，那就是像丰田这样的汽车制造商。外协的零部件厂家，因为不是以最终产品的形态来进行市场竞争的，所以如果将价格更高的零部件组合在一起，就会使得最终产品的价格高于市价，导致商品销量不好。想必这不仅是丰田头疼的问题，也是零部件厂家不愿意看到的结果。

从这个意义上来说，在市场上战斗的丰田，认为自己有义务引导零部件厂家以合理的成本进行销售。这绝对不是说谎，也不是强词夺理。零部件厂家自身并不太了解市场上的价格，所以丰田必须这么做。

对零部件厂家的产品，不是"压价"，而是以能够与其他企业竞争的合理价格来购买，并通过这一方式，使最终产品以相

图表13　估算成本计算书的实例

项目估价　※审核			
直接材料费	材料费	2.30	
	采购零部件费		
	外甩加工费		
	有偿支付费		
	合计（A）	2.30	
加工费	直接人工费	1,200.00	
	制造间接费		
	合计（B）	1,200.00	
制造成本（A）+（B）		1,202.30	
一般管理销售费%			
总成本			
有偿支付管理费	3%		
自给材料管理费	3%	0.07	
利　　润	10%	120.00	
折旧费	日元		
	个		
VA效果偿还部分			
总计		1,322.37	
※申请单价		1,300.00	
※申请单价（除去折旧费）			
旧单价	决策人	审查人	起草人

应的价格销售出去。只有这样，无论是零部件厂家还是丰田，
才能真正挣到钱。

零部件成本不明确时，通过新建工厂进行调查

Y 企业的事例并不少见，丰田也曾经有过同样苦涩的经历，在外协零部件问题上，立场完全颠倒。

电装公司是从丰田分离、独立出去的一家零部件制造企业，是丰田主要的协作企业之一。电装拥有高水平的技术能力，只有电装才能生产的零部件现在也越来越多。这类零部件的成本一般只掌握在电装自己手里，连丰田的采购部门都无法判断电装的报价书是否在合理范围内，结果搞得丰田对自己都没有了信心。

当时，丰田和 Y 企业一样，认为万一电装不给丰田供货了，麻烦就大了，结果立场完全颠倒，即使进行了价格谈判，电装也非常强势，拒绝拿出成本明细单。

这时候，丰田是怎么做的呢？

"这个零部件，因为我们不具备自己生产的技术，也没有这方面的经验，所以没办法进行价格交涉。"

当时，丰田得出了这样的结论。于是，丰田就在公司内部创办了一个专门生产这个零部件的专用工厂，也就是现在位于丰田市的广濑工厂，还成立了一个新的设计部门，实现了在丰田内部生产该零部件，并研究和掌握了相应的制造方法和成本。

为此，丰田投入了数千亿日元。

与其对不清楚成本的零部件不断地支付相应的成本，倒不

如靠自己研究，建一个新工厂。当然，这个零部件值得这样投资。

广濑工厂设计并生产这一零部件以后，取得了一定的成果。随后，丰田从成本的角度出发，再次对电装提出了价格要控制在合理范围内的建议，并要求电装进行调整。

有一段时间，大家都在揣测"丰田为什么要建广濑工厂"。其实这个重大决策的缘由，正是围绕"成本""自制""外协"展开的严谨思考。

第 三 章

丰田设计开发团队的建立方式

→自工序完结机制与主查的职责

丰田在生产现场开创的"自工序完结"手法引发了热议。同时，丰田特有的主查职务在产品开发中也发挥了巨大作用，这些正是倡导"成本降低"的丰田机制背后最强大的地方。可惜，很多人并不了解这一事实。

1 最后的检验能让不合格品消失吗？

▶通过"自工序完结"降低不合格率

最近，人们常常提起"自工序完结"，这原本是发源于工厂的手法，但同样适用于职能部门的白领。

丰田内部，在二三十年前确立了"自工序完结"手法。而向业务职能类部门导入"自工序完结"是在 2007 年。看来即使在丰田，职能部门的"自工序完结"也不过是十几年前的事情。

丰田工厂里有各种各样的生产流程，在制造汽车时，也曾经在最后一道工序进行质量检验，判断"是良品还是不合格品"。先在电脑里记录"出现了不合格品"，然后才进行研究。

比如说，有人在电脑中录入了"1 月 27 日（星期三）14 点 29 分 35 秒出现了不合格品"的信息。此后一周左右的时间，质量管理部门的人员就会集中起来，并试图通过回顾"1 月 27 日 14 点 29 分 35 秒产生不合格品的生产现场情况"来一起找出不合格品产生的原因。

然而，这时离不合格品的出现已经过了一周的时间，谁都已经不记得当时设备是怎么运转的。这种情况下，几乎没有人能找到不合格品产生的原因。找不到原因，也就无从改善，改善不了，不合格品就会再次出现，让生产现场陷入恶性循环。

这时候，丰田会从质量管理学的角度切入：

"我们从不合格品的数据来考虑，采用质量管理的方法能找到不合格品的原因，也能找到对策。质量管理是非常重要的思路，学习质量管理很有必要。"

令不合格品急剧减少的"4M+1M"手法

是不是只要全力投入到质量管理的工作中，就能找出问题的原因，消除不合格品呢？答案是否定的。

丰田花了几十年的时间，运用质量管理的手法，竭尽全力想消灭不合格品，但问题一点也没有得到改善。所以，丰田摒弃了过去"最后进行检验"的质量管理手法。

丰田认为，不合格品之所以会出现，原因在于每一道工序中，我们称之为"4M"，即：

①是不是材料的问题——Material（材料）；

②设备是否有问题——Machine（设备）；

③操作方式（方法）是否不妥当——Method（方法）；

④操作员工的技能是否存在问题——Man（操作员）。

⑤检验是不是合格品——Measurement（检验）

加工完成后还有一道检验工序，我们称之为"IM"，即：

两者相加，就是"4M+1M"（或者叫5M）。

各工序中配备有"材料（M）"与"设备（M）"，由"操作员（M）"进行操作。操作员会根据标准书和操作指南，采用"特定的方法（M）"进行加工。每道工序都会被分成"4M（生产）"与"1M（检验）"，由操作员尝试进行改善，以避免不合格品的产生。

由此，检验不再设在最后一道工序，每一个人结束自己的操作之后都要确认是不是合格品，如果当下发现有不合格品，就不必在最后一道工序再进行检验了。

"4M+1M"的效果极其惊人。

在导入"自工序完结"以前丰田的不合格品率为万分之一，而导入后不合格品率降低到了百万分之五到百万分之十，不合格品数量的大幅度减少以及尽早发现的效果是毋庸置疑的。而且，丰田还有了一个意想不到的收获——消除了部门之间的矛盾。

过去，由于不合格品出现后流到了最后的检验工序，质量管理部门会对生产部门产生抱怨，而生产部门在受到其他部门"质量太差了，能不能好好干"的非议后，肯定不好受。

结果，大家总会不由自主地陷入本位主义，只会埋怨"并不是自己的技能不行，而是使用的零部件、原材料和设备不够好"。不只是丰田，任何一家企业的生产部门和质量管理部门都很难和平共处。生产部门会为自己竭力辩护，无论是不合格品，还是部门间的矛盾都不可能消失。

自工序完结中，一旦出现不合格品就要迅速应对

"自工序完结"的话情况就不一样了。

所谓"自工序完结"，是指自己制作的产品由自己当场检验，并判断是合格品还是不合格品。因为检查结果全部取决于"自己"，所以产生不合格品时责任都在自己身上，无法逃避。

"自己的工序到底哪里有问题，是 4M 中的哪一个要素出了问题"，每个人都会开始思考这个问题并探究原因。如果不合格品是因为设备有问题，那么就要自己解决设备的问题。

有时候单靠作业人员无法修好设备。这时，丰田生产方式（TPS）中最常用的"安灯"就派上用场了。它会通知到整个楼层，召集维修部门和生产管理部门的人员，把生产线停下来。之所以要把生产线停下来，是因为如果继续生产不合格品，投入的材料、时间等都会成为"浪费"。

这样一来，在设备修好之前，原材料绝对不会被投入到生产线里。当然，维修部门和生产管理部门有时候也不能马上解决问题，采取根本性的措施，但他们至少能拿出临时性的措施。

通过自我检验，避免不合格品流入下一道工序

在自己的工序内生产、检验，只有合格的产品才能流到下一道工序，不合格品的解决措施也不会等到一周以后，当下就

能够找到原因，这就是"自工序完结"。所有的工序都按照"4M+1M"进行管理（参照图表14）。

实践"4M+1M"缩减了大部分质量管理部门的工作，节省下来的检验人员可以分配到生产部门等其他部门。

也就是说，当不合格率下降时，检验人员的人数也能随之减少，企业整体的生产效率就会提高。

"自工序完结"带来的自我认知——"丰田质量"

"自工序完结"的导入，还产生了更大的效果。

"是我们自己，创造了丰田的质量！"这种强烈的认知在操作员内心油然而生。在导入"自工序完结"之前，质量是质量管理部门的事情，生产管理部门只负责生产汽车，大家都是把生产与检验分成两件事情来考虑的。而实际上，造就"丰田质量"的人，正是生产部门的一线操作人员。

生产现场的员工真切感受到了工作的价值，对工作的积极性得到了提升，不合格率也下降了。正是这种积极性带来了产品质量的提高，并直接降低了成本。

丰田在工厂全面导入的"自工序完结"取得了巨大成功。

"自工序完结"的关键是将工序（工作）中的内容进行分解，以保证每一道工序内的质量都是合格的。

图表14 自工序完结的实施案例

▌过去的生产与检验流程

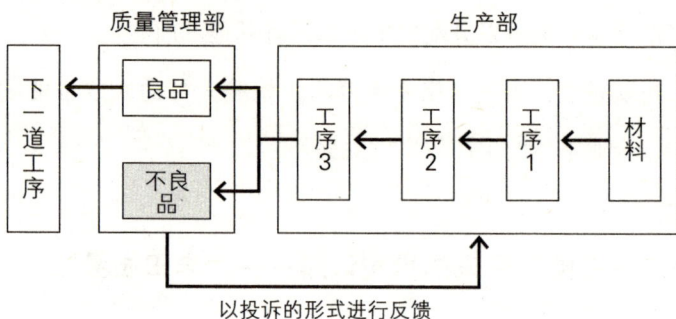

以投诉的形式进行反馈

▌自工序完结的流程

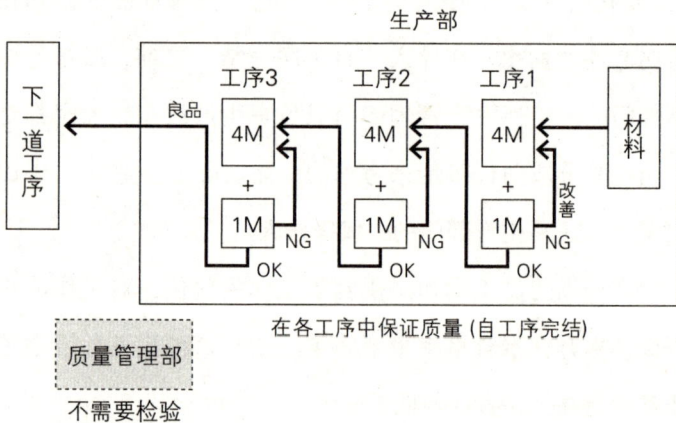

在各工序中保证质量（自工序完结）

不需要检验

　　现在，丰田将4M做了更细致的划分，并对"自工序完结"本身实施了更多的改善。

2 "自工序完结"能应用到哪里？

▶持续向职能部门、海外工厂横向展开

"自工序完结"的思路，如果只局限在工厂部门运用实在是太可惜了。所以，丰田将这一想法扩展到了职能部门、白领岗位。

在丰田，只要是好的方法，就会向其他部门推广，这种做法被称为"横展"或者"横向展开"。首先，是在设计部门等职能部门横向展开。前面我们说过，丰田在白领岗位导入"自工序完结"是从 2007 年开始的。但因为设计部门与工厂的工作相关性很强，所以设计部门的自工序完结活动在 2007 年以前就开始了。

那么，丰田在设计部门的哪个环节导入了"自工序完结"呢？

设计人员在设计新车型的时候，并不是完全从零开始的，既会参考标准的汽车制造方法，也会确认汽车材料的一览表（里面包括成本），同时还会拿出以往车型的设计图做参考。

·上一个车型的设计人员是出于什么样的考虑画出这份设计图的？

·这次要求的功能、性能和质量，应该如何用图纸体现出来？

·这些情况下，成本是多少？

最后，设计人员会制作一份画图纸的时候需要用的确认表，用自己的双手实现"自工序完结"。

设计部门的"自工序完结"就是以此为起点开展的。第一步，在工厂各部门开展"自工序完结"。第二步，由设计人员实施"自工序完结"。第三步，在企业采购部门导入"自工序完结"。"自工序完结"就是这么传播开来的。

采购部门开展以后，接下来就是通过采购向丰田以外的厂家、外协厂家进行横向展开。现在，与丰田有交易的零部件厂家和外协厂，大部分都在实施"自工序完结"。

"自工序完结"的成果发表会也同样在大范围地开展。这个思路与"改善（KAIZEN）"一样，可以在世界范围内推广（"自工序完结"也略称为JKK）。我自己也是从2007年开始在很多国家介绍"自工序完结"的思路，并为它的普及做了很多努力。

在中国电子设备企业中导入"自工序完结"

讲一个在中国电子设备企业中引入"自工序完结"的案例。

这家企业里，有一道在半导体上进行表面器件贴装的生产工序。贴装是一道在单板上安装电子器件（物料）的工序，需要检查这些器件是否能按照计划发挥作用。以电子板的工序为例：在印锡、组装电子器件等大多数工序完成后还要进行特性检验和外观检验、可靠性检验等检验工序。

在检验过程中，即使发现不合格的电子板，究竟是在哪一道工序的哪一台设备中产生的也已经很难准确掌握了。经过观察，我发现贴装线的不合格率竟然高达5%~10%。

于是，我尝试指导这家企业的工厂导入"自工序完结"。通过各工序实现自工序完结，用自动检验设备检查印锡的宽幅、高度、体积等，并将这些信息进行反馈，工序的不合格率终于降低了。

虽然与日本的电子设备企业相比仍有差距，但这是我首次在中国电子设备工厂导入"自工序完结"，不合格率得到了大幅降低。

现在，"自工序完结"正逐渐扩展到各行各业中。

3 主查是如何选拔出来的，要做些什么？

▶凭借业绩与能力选拔出来的"产品总经理"

在丰田，由销售提出的新车型"商品企划"会由经营层进行决策，而决策时，会选拔出"主查（Chief Engineering）"作为统筹负责人。

一个车型的开发需要 2~3 年，花费超过 1000 亿日元以上，企业必须选拔出优秀的人才，并赋予其一定的权限。

"主查"并不是纵向的"社长→董事→部长……"的阶层型组织，而是按各个产品（项目）分类形成的横向型组织的负责人，可以说是"产品的社长"。主查被赋予了相应车型（产品）的所有权限，所以除了掌握性能、质量和成本之外，还要开展进度管理和整车改善。必要时，除了自己的直接下属，还能通过协商调用纵向组织架构中的各部长和各科长的下属。

此外，由主查组织的"成本企划会议"是最高级别的会议，副社长以下的董事等公司高层都要参加，进行决策。

大部分企业都有类似的横向型组织，但相比于纵向组织的负责人，丰田是一种完全矩阵型的组织架构。

主查需要具备领导力

什么样的人会被选拔为主查？答案是设计车体、底盘等工程师中的专家。身为技术人员的他们出类拔萃，是很好的人选。当然，仅凭优秀不一定能胜任主查的角色。

想成为主查，首先必须在员工中有一定的声望，这是必要条件。其次，必须具备吸收各部门的不同意见，进行说服的能力，也就是领导力。主查如果业绩出色，就会被提拔为董事，甚至有可能晋升为副社长。

首先，丰田会选出大约 10 位具备资质的候选人，以主查助手的身份开展工作，再从其中选出主查。因为董事、副社长等高层每天都能看到他们的工作情况，所以高层的推荐将决定主查的最终人选。

4 主查是如何掌握市场需求的?

▶率先听取"市场的声音"

在丰田，主查与经营高层直接相关，是"新车型开发的最高责任人"。主查由丰田英二在 1952 年首次导入丰田，负责在"性能、质量和成本"之间权衡，主持项目开展的工作。

为此，主查会运用各种手法（如将在第六章阐述的"大房间方式"）汇集众人的智慧，负责量产前整个项目的主持工作。

那么，主查是如何着手新车型开发工作的呢？

首先，销售人员会听取消费者的意见，然后根据意见提出比如"生产卡罗拉的新车型"的需求，提交"产品企划"。

至于在"产品企划"阶段，销售人员能否正确地掌握消费者的需求，恐怕只有上帝才知道了。

在丰田，新车型需要花费 1000 亿日元，而开发阶段的持续时间是从"产品企划"提交后的 2~3 年，所以必须尽可能从多方面收集消费者的声音，做彻底的调研。在销售人员提出需求以后，丰田首先会拜托调查公司调研这些内容，费用高达数十亿日元甚至上百亿日元，绝对是一笔不小的支出。

主查亲自进行问询调研

最后，主查必须亲自确认消费者的需求（参考图表15）。主查十分了解汽车（包括成本），通过对消费者的直接询问，能得到更多信息。

图表15　主查亲自调研市场需求

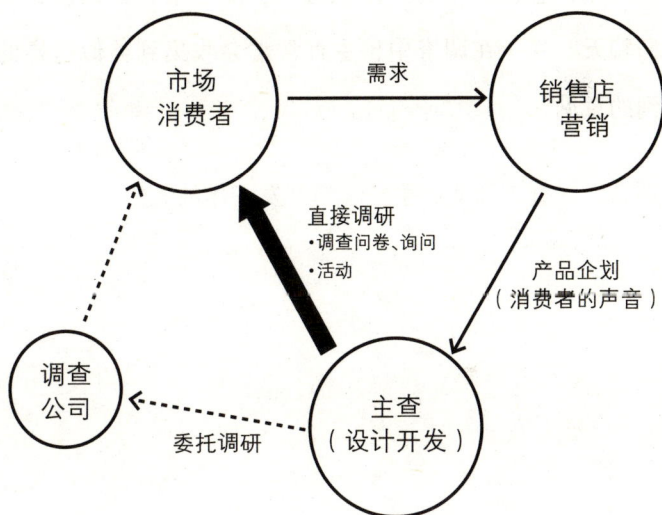

开车时的噪声、震动方面的意见等专业内容，销售员和调查公司很难从消费者口中问出来。

主查听取意见时，一般会采用调查问卷和面谈的方式。当然，还有其他方式也很有效。

例如，在东京的晴海码头放几台汽车，播放音乐，很多人就会听着音乐被吸引过来。这些人，将成为新车型的潜在目标客户，可以对这些人展开问询。还有一些消费者自己都没有意识到的问题，通过主查的引导也能够被注意到。

另外，还要集中询问家庭主妇这一类人群，听取她们对车子的需求。

每个日本家庭在买车时，家庭主妇占有 80% 的决定权，"孩子坐在后座，想在车里有一个摄像头，能看清孩子的脸，并能和他们聊天"——在调查中，主查常常会收集到类似这样的意想不到的意见。

5 挑战更高的附加价值——丰田的优势是什么?

▶活跃于雷克萨斯开发中的主查

要想提高汽车生产利润,丰田的基本原则是"降低成本",但是强调成本的丰田,在重视"附加价值"方面也曾遭遇挑战。

混合动力的普锐斯、使用燃料电车的 MIRAI 等就是典型代表,而曾率先打响这一炮的正是雷克萨斯。

我们可以通过雷克萨斯的例子,看一看丰田的另一面优势,同时了解一下主查是如何进行调查的。

1967 年,丰田英二就任丰田社长。第二年,此前一直苦苦挣扎的美国市场,开始刮起了一阵卡罗拉旋风。卡罗拉在保证品质的前提下,以低廉的价格推向市场,可以说是全面性非常好的一款车型,在日本和美国市场都广受好评。

而另一方面,从 20 世纪 80 年代起,美国市场对丰田的评价则是"性价比高",和通用、福特相比,在美国消费者心里,丰田车低了一个档次。

为了大幅提升丰田的品牌形象,丰田秘密开发了高端车型雷克萨斯。雷克萨斯的重点并不在于降低成本,而是要提高附加价值。

怎样才能让美国市场接纳雷克萨斯呢？

上一节提到，主查自己也会进行市场调研。所以，要让雷克萨斯取得成果，就需要调查清楚美国上流阶层的价值观、生活方式等。

然而，当时美国社会的富裕程度和日本完全不在一个层次，所以主查只好到高级住宅区，一间一间地拜访，和对方深入地讨论。经过几个月的时间，主查自己也融入了当地富裕人群的生活中，对他们想要的车型了解得十分透彻，也真正体会到了"美国的富有"。

对于丰田来说，雷克萨斯与卡罗拉、凯美瑞、皇冠等车型采用的是完全不同层次的研发方式。

雷克萨斯的"发动机神话"及丰田英二的号召

关于雷克萨斯的发动机开发，流传着这样一段传奇。

发动机的振动是很激烈的，在开发雷克萨斯的发动机时，丰田高层要求主查突破一个难关，那就是"将十日元硬币放在发动机上，发动机启动后，要保证硬币不掉"。也就是发动机既要马力强劲，又要保证没有噪声——这个完全是二律背反的难题，丰田却要求主查必须予以克服。

所以，和以前丰田车的开发相比，雷克萨斯的开发必须完全变换一个思路去设计。结果，丰田的发动机设计得到大幅提升，同时还促进了技术人员的成长。

当时的丰田英二社长提出了"制造出世界通用的超一流汽车"的口号，到了1989年，准备充分的雷克萨斯LS400作为一款高端车型上市了。正是这款车的面世，给美国市场带来了巨大的冲击。

当然，这并不是雷克萨斯项目主查一个人的功劳。但是将数千名开发人员聚集起来，生产了400多台样车，汇集整个丰田之力——领导完成这一伟大事业的，毫无疑问地正是主查制度。

丰田坚持"自主开发"的秘密

雷克萨斯的研发与丰田过去的车型采用了完全不同的思路，虽然是更高层次的高端车，但研发完全是交由企业内人才负责的。

这也是丰田的特色之一。这次研发并没有从奔驰等其他公司挖掘人才，全是由现有的丰田技术人员完成的。

一直以来，丰田就有"独立经营主义"的思路。这要求员工一切都要靠自己的双手去创造。普锐斯混合动力车的开发、燃料电池车MIRAI的主要结构开发也是出于同样的思考，自己亲手经历研发和生产，等自主开发进行到一定阶段，目标渐渐有了头绪时，就开始向爱信精机、电装等供应商采购零部件。在丰田，越是重要的商品和零部件，就越是要贯彻"独立经营主义"。

为什么要坚持"独立经营主义"呢？原因之一就是要让员工通过自己的创造，了解制造成本和绝对成本。

还有很重要的一点是，在挑战新事物时，必然需要新的技术和经验。而这整个的挑战过程，有助于培育出成为企业关键驱动力和王牌的新技术。

第 四 章

丰田成本企划的制定与实施

→ "成本企划" 中浓缩了丰田成本缩减策略的
所有精华

　　丰田 "降低成本" 的秘诀，全部集中在 "成本企划" 和 "成本计划" 两个方面。但由于导入存在困难，所以迄今为止几乎没有被详细说明过。本章将用通俗易懂的方式为大家讲解丰田 "降低成本" 的核心部分——"从成本企划到成本计划" 的全貌。

1 从商品企划到投入量产的过程是怎样的？

▶降低成本的核心在于"成本企划"

第一章到第三章大致为大家梳理了丰田的基本思路，即"追求有附加价值的工作"，只有降低成本，才能巩固利润，包括职能部门在内的企业整体都要进行工序改善。

之后的第四章到第六章，将介绍丰田"降低成本"的具体手法。特别是本章中介绍的"成本企划"部分，是成本降低的核心内容。但是，如此核心的"成本企划"，目前为止却几乎没人介绍过。

最大的原因在于"成本企划"的导入非常困难，而且目前还没有企业能够很好地理解其内涵。正是出于这个原因，到底能否在其他企业，像丰田一样彻底地实施"成本降低"，人们对此也众说纷纭。因此，本章将针对丰田的实施方法，介绍其大体框架。

商品企划→成本企划→成本计划→量产

在正式介绍成本企划之前，让我们首先来看看产品开发的大致流程。

不仅是丰田，其他企业也都是"最开始先提出一个企划"，包括要发售什么样的商品消费者期望怎样的性能和质量，这是由最贴近消费者的销售部门以"商品企划"的形式提出的。这是所有工作的起点。

当然，如果是燃料电池车等全新概念的车型，则是由主查来提出企划方案，而除此之外的大部分商品企划，都是由销售部门来提出升级换代。

从商品企划通过决议到策划中的新车型面世需要两到三年的时间。在这段时间内，企业要做的就是打磨企划方案。一般来说，任何企业都会就产品内容展开讨论，丰田当然也会针对车型的性能、质量等进行研究，这就是前文提到的"产品企划"。

但是，丰田在这个阶段还有一个最关键的工作要开展，那就是"成本企划"。正是这个环节，才让丰田成为"世界的丰田"。

一般来说，"新产品的企划"指的就是"产品企划"。新的产品到底是什么样子的、到底有什么特征、性能和质量如何等问题和成本一样受到重视，这些当然很重要，大部分企业也都是这么做的。

然而，对比丰田以验证形式开展降低成本的过程，笔者感觉到，大部分企业用于验证的资料（特别是成本），大多不过是产品企划的"附件"，原因是什么呢？

成本的大部分取决于"成本企划"

在丰田，策划新产品并提交方案的同时，会召开"成本企划会议"。而且丰田会一开始就设定能达到目标性能和质量的"目标成本"，在量产开始前持续开展相应的工作，以实现最终目标。在这个过程里，丰田会进行严格把控，将成本控制在目标范围内。

这就是丰田的"成本企划（参考图表16）"。

"成本企划"，广义上是指投入量产前的一系列活动。在本书中，笔者将分别讲解"成本企划"及"成本计划"，以便于读者区分。

·成本企划

指的是"商品企划"通过后，分部门、设计科室、零部件（总成或组件）确定总成本分配的过程。商品策划目的和成本分配等，是确定整车概念和大致框架的最关键阶段。

图表16 "商品企划→成本企划→成本计划→量产"的流程

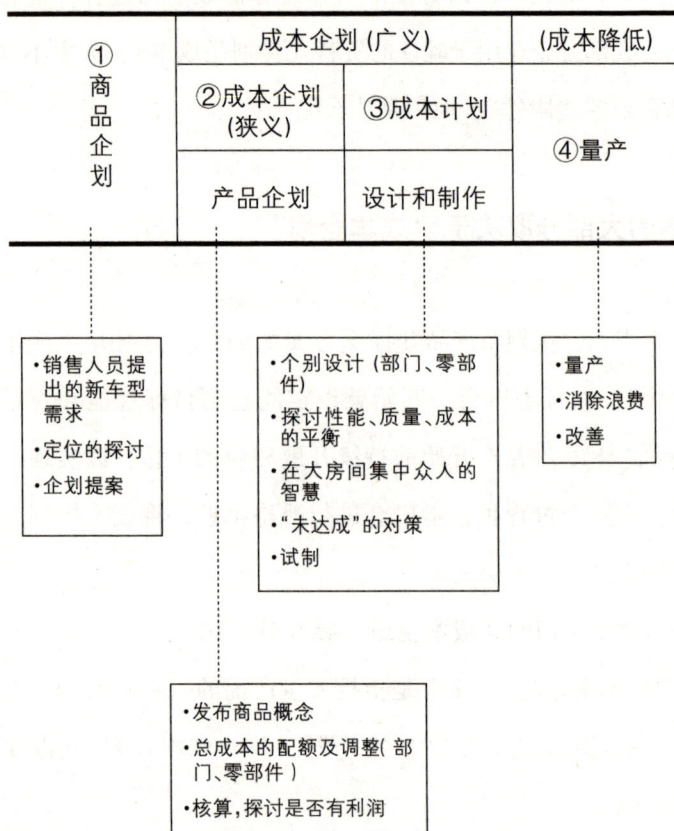

①商品企划	成本企划 (广义)		(成本降低)
	②成本企划 (狭义)	③成本计划	④量产
	产品企划	设计和制作	

①商品企划	②成本企划（狭义）	③成本计划	④量产
·销售人员提出的新车型需求 ·定位的探讨 ·企划提案	·个别设计 (部门、零部件) ·探讨性能、质量、成本的平衡 ·在大房间集中众人的智慧 ·"未达成"的对策 ·试制		·量产 ·消除浪费 ·改善

·发布商品概念

·总成本的配额及调整(部门、零部件)

·核算,探讨是否有利润

· **成本计划**

指的是"成本企划"中分配好的局部成本,落实到各个部门、设计科室、零部件后,大家自己把自己负责的部分控制在成本范围内，并不断进行确认的阶段。进行产品设计时，要能够完全满足性能、质量和成本要求。"成本计划"将确定产品各要素的具体内容，因此，新产品使用的材料、设备、必需的工序也同样要逐个确定下来。在"成本计划"开始后大概一年半的时间，将进入量产阶段。

正如在"成本计划"一项中讲到的，制作商品时的"材料、设备、工序"等产品的主要要素，都是在此阶段确定的。

所以，大致成本在成本企划和成本计划中就已经决定了。

2 | 由销售部门提出的"商品企划"指的是什么?

▶明确项目中的所有要素

简单来说,销售部门对主查和设计团队提出消费者期待的新产品是怎样的,这一过程就是"商品企划"。

在实际中,新车型投入量产,一般都是在"商品企划"通过后的两三年之后。负责项目的主查会以这个"商品企划"为基础,对项目进行推进。

销售部门在提出"商品企划"的阶段,除了满足顾客需求之外,还要明确到具体事项,比如销售数量大概是多少、在什么国家和地区销售、什么规格等。因此,销售团队必须进行市场调查和用户调查,或者自己开展,或者委托外部的调研公司去开展。

比如说,在中国市场的话,丰田的哪一种车型能够受到中国哪一个层次消费者的青睐,发动机和内饰的需求是什么样的……诸如此类的内容,仅是调研有时就需要花费数十亿日元。

通过市场定位,认清自己与竞争对手的位置

图表 17 描绘的则是"市场定位"。通过"市场定位",企业

可以认清自家企业在汽车市场中所处的位置。纵轴是销售价格，横轴是和排气量的大小，圆圈的大小则体现了销售数量。

在提出"商品企划"之前，通过这一定位，销售团队可以把握新车型的市场性与竞争车型进行比对，并用于说明。

要瞄准大众市场，就要掌握竞争对手的车型是什么样的、此车型处于哪个价格区间、发动机容量多大、什么样的规格为好……大众车的市场竞争十分激烈，所以市场价格一开始就差不多已经确定了，这就倒逼着企业要将售价控制在市场价格之内。基于此前提，企业还要设定一个能获得利润的"成本"。

是否能按照这一成本进行制造、是否符合核算的结果——这方面以主查为主，主查在下一步的"成本企划"中对新产品进行探讨，并延伸到"成本计划"中。

图表17　新车型市场定位实例

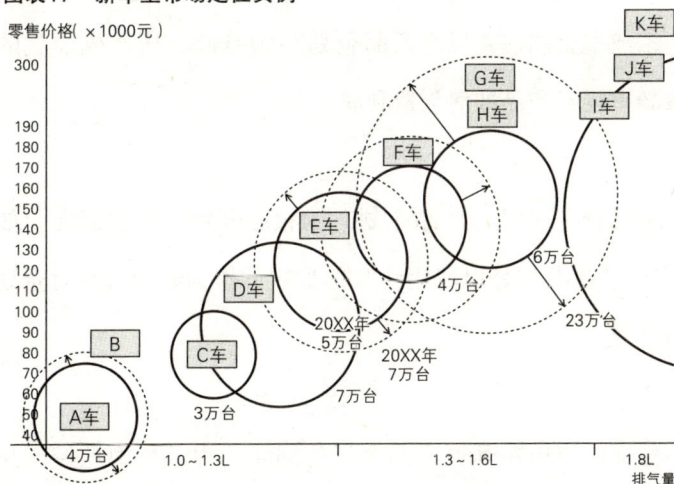

3

既然有了产品企划，为何还需要成本企划?

▶支撑产品企划，是成本企划的职责所在

完成了市场定位方面的调查，销售团队就要决策"商品企划"了。负责该商品的主查（Chief Engineer）会事先研究讨论企划方案，并不断完善自己的构想。这个阶段中，主查将和相关部门共同开展"产品企划"和"成本企划"，也就是本章开头提到的。

· 产品企划——从性能、质量、技术方面探讨新产品

· 成本企划——以"产品企划"为基础，从"成本"的角度重新审视新产品如何创造利润

大部分企业以"产品企划"为核心开展工作。因此，如前文所述，"成本"是以"附注"的形式，作为附加资料对企划书进行补充。

然而，丰田在开展产品企划的同时，为了精确把控产品成本，会同时提交"产品企划书"与"成本企划书"并进行讨论

（参考图表18）。

其实，不仅仅是汽车行业，在制造业的其他领域，要确保收益稳妥，必须坚持把控成本。

要想高效地推进成本降低，在开展产品设计阶段，就要将"成本"反映在图纸上。随着开发工作的进行，降低成本的可能性和选项会越来越少。

在设计图纸前的更早的阶段中设定成本，就是"成本企划"。

图表18　产品企划及成本企划的关系

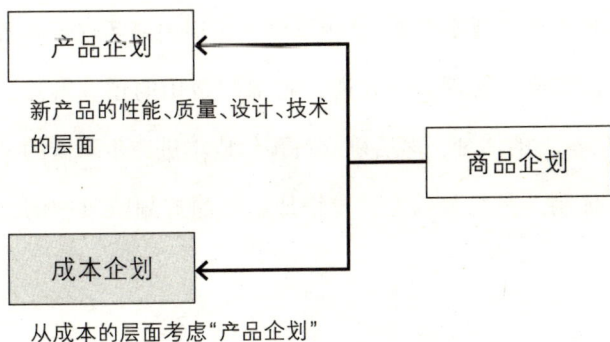

产品企划

新产品的性能、质量、设计、技术的层面

商品企划

成本企划

从成本的层面考虑"产品企划"

4 如何分配总成本？

▶成本企划中要严谨地制定出各部分的构成比例

丰田的"成本企划"始于 1959 年末。丰田尝试把当时还在试制阶段的公共用车（Public Car）的目标售价设定为 1000 美元，这在当时是破天荒的价格。

在企划设计阶段，企业是通过 VE（价值工程）将成本控制在"目标价格"内的。这样，在最初的框架设计和具体设计等各个阶段中，众多相关部门就会聚集在一起，为了实现目标成本，逐步推进"成本企划"，也逐渐在丰田内部实现了体系化。

丰田的成本管理，首先通过各部门费用的预算管理，巩固"维持成本"的体制，然后确立将预计成本进一步降低的"成本改善"体制，在此基础上，再增加新产品规划阶段中的"成本企划"。

通过预算型成本企划，分配总成本

丰田过去采用"差额成本方式"，先结合市场需求确定新车型的规格并进行估价，然后通过 VE 削减成本，得到最终成本，在此基础上加上利润，从而得到售价。

但是，在"差额成本方式"中，即使累加各设计的成本降低的幅度，也常常会无法实现目标的最终成本，所以丰田将这种方式重新定义为"总成本方式"。

汽车的售价（市场价格）是根据级别、性能等因素，在设计阶段就已经决定了的，这在前面已经反复强调过。售价是依据市场，从最开始就已经被确定的，从售价中减去固定利润（目标利润），得出的结果便是"总成本"。

这就叫作"总成本方式"。

总成本确定下来之后，就要考虑汽车的"成本结构"了。

也就是说，确定汽车的各个部分花费多少成本为宜。例如，一台汽车的总成本是 80 万日元，那么就要把这 80 万日元分配到底盘、车身、发动机等各个部分，而确定各部分成本则是主查的工作。

如果按照大致结构去看的话，可以参考图表 19。如图表 19 所示，大概可以车身、底盘、发动机、驱动、电气等"设计室单位"来进行成本划分。此外，还有几个百分比是由主查来框定并调整的。

这个成本的结构比例，大致是参考过去的车型，但最终还是要融入各部门、各设计室的意见，所以需要参考各部门、各设计室的意见，这也正是展现主查真功夫的时候。

成本不足时，通过两种类型的调整费来解决

各设计室带着被分配到的大致成本回到自己的工作中并进行精确的核算，在这个过程中，会碰到"这个价格难以达成"的现实问题。这时，就需要主查再次召集各部门，进行交涉。

比如，车身部门提出"从这次车身的形状考虑，这个成本是不可能做到的，还需要增加700日元"，这时主查可能会表示充分理解，"既然车身是这次的亮点之一，那么增加一些也无妨"；或者因为依据不充分，主查不予认可，总之各部门之间、各部门与主查之间，都会展开激烈的讨论。

但是，车身增加了700日元的成本，就必须从其他地方扣除。为了应对无法解决的成本问题，丰田设定了两种类型的调整费。

一种是主查的"特别调整费"（图表19"CE承担部分"）。主查可以使用这部分配额，为自己认为这款车型中要大力投入的部分，分配更多的预算。

还有一种调整费，是在各部门之间无法调和时所使用的费用，或者说是调整不均衡时的预算（图表19"调整部分"）。这种类型的调整费要通过多次探讨，各个部门对多达一两千种总成部件的成本，都要达成共识。

而且，在投入量产前的两三年之前，丰田就会召开"成本

图表19　总成本的分配实例

▌过去型 (差额成本方式)

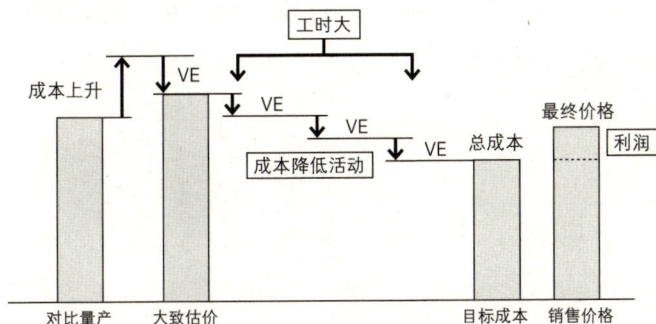

工时大

成本上升

VE

VE

VE

成本降低活动　VE

总成本

最终价格

利润

对比量产　大致估价　目标成本　销售价格

▌成本企划型 (总成本方式)

利润目标→每台目标→各科室目标→各零部件目标

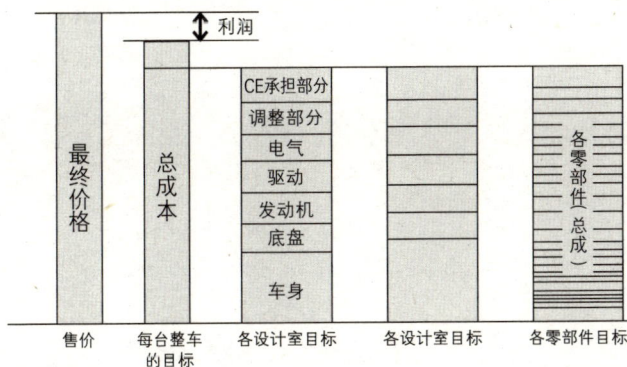

利润

最终价格

总成本

CE承担部分
调整部分
电气
驱动
发动机
底盘
车身

各零部件（总成）

售价　每台整车　各设计室目标　各设计室目标　各零部件目标
　　　的目标

企划会议"。但在最初的阶段中，是由主查发布"新车概念"，并着力强调"梦想"和"愿景"的。

　　至于要创造出什么样的汽车，主查需要向具体参与计划的人提出建议，使他们能够形成一定的概念，这就是新项目的开始。

另外，供应商或外协厂的目标等，也要在"成本企划会议"中尽早确定下来。

5 | 如何开展成本企划会议？
▶接受高层询问的决战之机

"成本企划会议"的召开频率是每月一次。

参加这个会议的不仅仅有主查、部长、室长，包括丰田副社长在内的高层领导也都会列席。

高层要参加很多重要的会议，但是，在"成本企划会议"上讨论的新车型一旦生产不顺利的话，就会损失数千亿日元，所以除了负责的主查之外，丰田的高层们也相当重视。其中，负责会计的副社长与专务会对主查刨根问底地盘问。

彻底探讨成本问题，所有事前准备均不可怠慢

在正式召开"成本企划会议"之前，主查会对负责会计的副社长或专务进行事前说明，并且对事前说明中副社长等人指出的问题进行修正和追踪，做好准备和调整，以便在正式的成本企划会议上，遇到严苛的提问时也能应对自如。

在丰田，"正式会议前的调整会议"，也是非常必要的。

然而，无论做了多少事前准备，在正式会议上，仍然会有意想不到的问题和要求向主查抛来。如果一直纠缠于个别问题，

则难以结束讨论，主查就会被高层直接命令"重新来过"。这种情况曾经发生过。

正是因为有如此严格的机制在运行，主查必须考虑周全，在彻底探讨成本问题的基础上提出企划方案，并且一直要以"明天就要上会议"那样的紧张状态去反复训练，将这项工作形成习惯。

6 如何实施"成本计划"？
▶每月跟进，实现未完成的部分

在"成本企划会议"中确定好各部门的成本后，经过一年半左右的时间，新车型就开始投入量产了。从这个意义上说，"成本企划"的职责在这时已经结束了。

但是，对于产品生产来说，更重要的事情才刚刚开始。比如，"成本企划会议"中新车型的总成本定位 80 万日元，那么这 80 万日元要分配到各个部门、设计室、零部件，这之后各部门若能按照预定的性能、质量、成本进行设计和完善的话，就没有任何问题。然而在现实中，总是很难顺利完成。

因此，各部门是否按照要求实现了成本目标，有没有出现什么问题，需要主查经常进行确认。所以，在新车型生产开始（下线）前的一年半的时间里，要每个月进行跟踪。

例如，车身部门的设计当中，如果知道"成本比目标超过了 100 日元"，就会马上采取减少这 100 日元的对策。100 日元的成本就会当场被缩减或吸收。

具体来说，例如"部门 B 被分配的成本是多少钱，而部门 B 有 100 日元没有达到，如果这么做就能达到"等问题和解决方案，都是由主查来决定的。

假如不是每月进行跟进，而是三个月或者半年才进行一次的话，原本来得及修正的事情就会来不及，所以每月进行跟进是非常重要的。

完成新项目的分配，就开始进行个别设计，开始量产前的一年半，这个过程叫作"成本计划"，与前一个阶段的"成本企划"有所区别。

虽说是"成本计划"，但不仅仅是建立计划，如果计划没有达成的话，就要采取措施，并使当初的计划落地，这就是"成本计划"的意义所在。

成本计划中未达标的项目，要马上采取措施

图表 20 是写有成本企划会议的资料。这是在每个月实施的最重要会议（也叫会议机制）中进行验证的内容，但仔细看这七个议题，纯粹是"成本企划"的议题只有第一条，而剩下的六个议题都是对已经确定的"成本企划"的跟进，也就是说，实质性的内容其实是"成本计划"，而议题②~⑦则是每个月的跟进。

在成本企划会议中，成本企划阶段的内容，还有已经进入成本计划阶段的内容，大家都会进行探讨。而且，各部门还要发布目前进展到什么程度，与目标成本、估算成本相比达到了

什么水平。

至于该如何解决，没有达到目标的部分在会上也要针对相应的措施做具体说明。

这些活动都是由主查每个月主持进行，以推动项目开展。

主查一旦发觉哪里出现了问题，就在这个阶段"迅速采取措施"，这一点很重要。"成本企划"阶段只是粗略地分配，但在这之后，就由众多设计人员在各自的范围内开始设计。

图表20　成本企划会议中提交的资料实例

第XXXX次　成本企划会议

日期时间：20XX年10月1日（周二）9:30—12:00
场地：事务总馆3楼　34—36会议室

＜议题＞			
①XXXN	目标利润（方案）		9:30—10:00
②XXXN／XX1N	FS跟进		10:00—10:25
③XXXN	FS跟进		10:25—10:45
④XXXN	量产试制跟进		10:45—11:05
⑤XXXF	量产试制跟进		11:05—11:25
⑥XXXK	量产试制跟进		11:25—11:45
⑦XXXT	实绩跟进		11:45—12:00

以上

当然，有些内容可能无法按照计划进行，遇到这种情况时，只有及时应对，才有可能实现目标。

各设计部门不懈努力，成本目标才得以实现

"采取应对措施"的过程，便是"成本计划"。

主查和各部门的设计人员，时刻都怀着"成本"的概念，并想方设法地努力达到目标性能和质量。在投入量产前，最让设计人员绞尽脑汁的阶段，无疑就是"成本计划"了。

图表21的实例中，未实现目标的便用▲来表示，自始至终一切顺利的车型是不存在的，肯定有项目无法达成。

因此，最重要的是，在设计阶段和成本计划阶段这些较早的阶段，就需要针对那些难以达成的项目——采取对策。

图表21 目标成本实现情况的实例

		目标成本	估价成本	设法利用内部设备	达成情况	外购零部件	自制件等
规格变更部分		⊕ 1.6	⊕ 2.0		▲ 0.4	▲ 0.4	
各零部件成本	车身相关	⊖ 34.1	⊖ 40.2		6.1	4.3	1.8
	白车身成本	⊖ 3.7	⊖ 3.8		0.1	▲ 1.0	1.1
	底盘相关	⊖ 19.6	⊖ 20.4	⊖ 1.9	0.8	▲ 0.6	1.4
	发动机相关	⊖ 15.2	⊖ 17.1	⊖ 5.8	1.9	▲ 2.9	4.8
	动力传动系统相关	⊕ 21.7	⊕ 18.2	⊖ 1.6	3.5	▲ 1.1	4.6
	电子技术相关	⊕ 0.0	⊕ 0.0		0.0	0.0	0.0
涂装及组装费		⊖ 0.8	⊕ 0.5		▲ 0.3		▲ 0.3
包装物流费		⊕ 0.6	⊖ 4.0		3.4		3.4
主查负责的部分		⊕ 16.2	⊕ 15.7		0.5		0.5
合计		⊖ 33.3	⊖ 49.1	⊖ 9.3	15.6	▲ 1.7	17.3

7 在零部件设计中，如何才能实现成本目标？

▶寻求"设计"与"成本"之间的平衡点，步步推进

进入"成本计划"阶段后，各部门的设计人员则会开始自己负责的零部件设计。原本从主查那里只会得到性能、质量、成本等的大致指令，而零部件本身设计的落地，则是由各个设计人员来完成的。

因此，设计人员需要思考，对于被分配的成本金额、被要求的规格等，要怎样做才能达到目标。

在这个阶段，最重要的一点是，寻求"设计"与"成本"之间的平衡点，步步推进。在这里，笔者为大家介绍几种寻求平衡的方法。

通过 QFD，实现功能与成本的平衡

即使是设计，也并非从零开始画图纸，大部分情况下都会参考过去车型的图纸。

当然，并不是直接地复制粘贴，而是要在设计中思考为什么之前的设计人员会绘制出这样的图纸，这次的车型应该如何

修改。这时候需要运用的便是"QFD（Quality Function Deployment，质量功能展开）"。

QFD 是指，零部件需要实现什么样的功能和性能，要达到什么质量，针对这些内容分析故障发生的可能性等，是在保证成本制度前提下进行设计的方法。

通过设计评审制度，避免"返工"

在丰田内部，有一类会议叫作"设计评审"或者叫"DR（Design Review）"。在出现下述情况时，需要召开这种会议。

例如，在绘制零部件设计图时，到了出图后才发现"没有满足基准""按照图纸浪费太多"等需要返工的情况，这在时间上、人力上都是巨大的浪费。

因此，为了尽量避免这样的返工，丰田会把采购部门、生产部门、生产技术部门等相关部门召集在一起，召开设计评审会议，从各个视角检视规格是否满足要求。

设计评审的时间节点是大致确定好的，主要在基本设计阶段、详细设计阶段、试制阶段中开展，而且每个阶段如果"没有问题"的话，就要步入下一个阶段。

正如前文所述，如果出现返工，就会花费不必要的时间和经费，所以设计评审的目的在于避免返工。

设计评审时，其他部门的需求可以得到反馈，还可以了解到过去的经验知识。而实际上，设计人员不了解的现场解决方法等，也可以通过设计评审进行反馈，在"成本企划""成本计划"的阶段中运用到设计工作里。

成本与性能要相互权衡

"设计人员不受成本的束缚，能够更加自由"——我们常常会听到这样的说法。但是，不考虑成本，就称不上设计。

如果无视成本，本应是大众车，却用高价的特殊合金制造车身，搭载超出需求以外的大型发动机……这样的事情任何一个设计人员都不会去做，原因在于大家都在追求成本与性能、质量之间的平衡。

设计人员应在"成本企划"框定的范围内，努力实现目标成本。

这听上去必定是矛盾的。比如说用某种材料的话质量就能得到提升，但价格也会变高；材料质量稍微降低一些，价格虽然便宜，但性能稍微不充分，还是需要某些部分做出一些取舍，实在不好把握……这样的烦恼常常会有。

但是，如果能做到将成本与设计放在天平的两端进行思考，这本身就已经很不容易了。

虽然具备追求"性能和质量"的能力，但如果从"成本"的视角进行比较，那些没有考虑和"成本"之间应实现平衡去做设计的人员，实在不能说他的设计满足了产品的要求。

参考过去的车型，要思考为什么是这么设计的，成本与性能、质量放在一起衡量，就会注意到"果然这个部分牺牲了一些"。所有的设计，都必须考虑到成本与性能、质量要相互权衡才能决定。

8 零部件的设计确认是如何进行的？

▶用确认成本的出图确认表进行跟进

在"成本计划"的最后一节，笔者给大家介绍一下出图确认表。

图表 22 是零部件（总成）的确认表，各个零部件的负责设计人员每次画完图纸时，就要接受确认。

最终批准栏由主查来签字，除了零部件的性能、质量之外，主查还要对本次设计是否各方面都均衡进行最终确认。考虑到产品的整合性，如果做得不到位就要退回重新设计。

上一阶段的"成本企划"已经对成本进行了分配，但还是要随时确认是否把成本控制在了要求范围内。因此，在这张确认表中，成本也是一个确认要素。

图表 22 中，"成本"栏的第二项（目标成本）是在"成本企划"中确定的数值。虽然本书中此栏是空白，但是如果第二项是 100 日元，第四项"S 估价"是 110 日元的话，就要在第五项"未达成"一栏写上 10 日元。

另外，不仅仅是填写好"未达成"就结束了，下一步要如何达成、采取什么对策都要填写进去，还要写上试制费。

"成本计划"中，通过使用这样的确认表来进行追踪，以实现成本目标。

图表22　出图确认表的实例

发动机类型 车型	商品名称 姓名		部　室　　　G

	要求部门	指示书·联络记录	CE	批准	部门责任人	制作
筹备　正式			月　日	月　日	月　日	月　日

	成本　估算部门	质量	分　　　　分　　　　分	检图时间 与责任人的 沟通交流

计划　　　　　　成本　估算部门　　质量　　　　　　　分　　　分　　　分　检图时间与责任人的沟通交流

左侧栏目（从上到下）：

筹备　正式

计划
出图
设计变更
外购件设计委托
批准
其他

耐久·可靠性确认结果
　　项目　n数　确认

连续高速
F/风门 U/D
低扫描 U/D
综合模式
综合冷热
低音冷热
排气歧管冷热
D/ 长时间
锤击
应力测试
共振点耐久
恶劣路面耐久
高速耐久
高温耐久
单体评价
CAE应力

日后批准图出图　OR　　➡　预计（　/　）
日后跟踪的(要·不要)　　　　　　月　日　　　　月　日

成本栏：
成本　估算部门
↗↘→　□采购·财务
　　　　□成本企划
$　　　　□厂家
(+ − %)(　　)

质量栏：
质量
↗↘→
(+ − %)

检图时间与责任人的沟通交流

有·无　　有·无　　有·无

目的·背景
□规格变更　□标准化·通用化
□重量减轻　□研究　□性能提升
□生产效率提升　□故障对策
□服务性提升
□其他

正式图出图时的综合判断
1. 没问题
2. 确认未全部结束但没问题
3. 有问题但没办法
　　问题点是

目的或理由（填写）GM填写
□输出功率性能提升　□裂缝故障对策
□NV改善　□干涉问题
□其他(　　　)
□外部条件(Z·生产技术及其他)　□标准化与共通化
□成本降低　□SOC对应　□其他（　　）

变更内容

变更带来的担心点　　　担心点的应对

反映于评价的结果(左表)　反映于制造的内容

右下区域：

附加资料　　　　　计划图
设计点检查
要求规格确认表

1. SS量产
2. 目标成本
3. S
4. S估价
5. 未达成部位
6. 未达成的对策

试制费
1. 零部件费
2. 模具费
3. 试行方案总额

质量
1. 量产
2. 目标质量
3. S
4. S估价
5. 未达成部位
6. 未达成的对策

第 五 章

丰田的消除浪费

→不懈钻研与改善，进一步降低成本

　　"消除浪费"已经是在量产阶段采用的手法，如果只局限在量产时消除浪费，效果是不尽如人意的。但是，若能将消除浪费切实地反映在"成本企划"阶段中，就能做到彻底的"降低成本"。本章将从现场出发，结合向主查反馈的视点，介绍生产现场中的"成本降低"活动。

1 如何消除没有附加价值的工作？

▶消除"七大浪费"，将其转化为附加价值

工厂及各种各样的生产现场中，一直都在积极开展"消除浪费"的工作。对这样的活动，也许会有人认为"这事儿太小家子气了"。要说消除浪费的目的是什么，就要和"降低成本"联系起来。

虽然人们一直在努力工作，却会在不经意间产生各种各样的浪费。如果用全体员工来计算，再考虑到时间的因素——比如说一年的时间，细微的浪费积累起来就会变成巨大的浪费。

首先，是在什么情况下产生了什么样的浪费呢？由此会造成什么问题呢？我们先从这两个问题开始探讨。

浪费中，最有代表性的是以下的"七大浪费"。

①过量制造造成的浪费

过量制造，可能是因为材料很便宜、不想让设备闲置等等。虽然有各种各样的原因，但过量制造必定会成为"库存"，还会产生保管费等二次、三次的浪费，反而提高了成本。

②空手等待造成的浪费

在工作量不均衡的情况下，"空手等待"的状态就会出现，为了防止这一点，需要研究如何重新分配作业。

③搬运造成的浪费

搬运并不产生价值。如何使搬运为零，是个重要的课题。例如，在下一道工序中，通过使用滑道（后面做详细介绍）、滚轮也是减少搬运的一种措施。

④加工本身造成的浪费

在前处理阶段，却以超过必要程度的方式进行了细节处理，导致花费了过多时间，对真正的加工并没有贡献。这种浪费在职能部门特别常见。比如，仅在内部会议中使用的资料，却在资料的排版上、颜色一致性上下了很大功夫等等。

⑤库存造成的浪费

各种各样的原因会产生"库存浪费"，但一旦出现了库存浪费，就会在别处产生相当于库存金额30%的浪费。

⑥动作造成的浪费

不产生附加价值的动作也会造成浪费。移动路径不合理，多花了移动的时间等，也是一种浪费。

⑦不合格品返工造成的浪费

只要制作出了不合格品，就会同时产生返修的浪费，时间、成本、信用三个方面都会造成损失。如果因为这一原因引起事故的话，就会带来无可估量的巨大损失。

工厂里只有25%的作业有附加价值

消除上述七大浪费就是"消除没有附加价值的作业""消除材料费、劳务费的损耗"。

就连开展消除浪费活动的工厂，在一天的作业量中，有附加价值的实际作业部分也只不过占到25%，而剩下的75%中，又有50%是附带作业，剩下的25%是无作业的空手等待时间。到底哪里出现了浪费？如何才能将75%的时间转变为能产生附加价值的时间呢？

研究"七大浪费"，其实就是思考如何将工作转变为"有附加价值的工作"。

这绝对不是什么"小家子气"的事情。

图表23　现场常常出现的七大浪费

$$浪费 - 动作 = 有效动作$$

	产生浪费的工序
①过量制造的浪费 ・预测生产、过剩设备、批量生产	停滞
②空手等待的浪费 ・等待指令、等待材料、等待零部件（缺件）	作业
③搬运的浪费 ・滞留、迂回搬运、倒箱、暂存	搬运
④加工本身的浪费 ・对精度等没有贡献的附加价值的加工	加工
⑤库存的浪费 ・增加空间、增加搬运器具、发生变化（质量劣化）	停滞
⑥动作的浪费 ・不产生附加价值的动作 （步行、拿取等附带作业）	作业
⑦不合格品和返工发生的浪费 ・原材料、共识、资源的损失	质量

2 | 消除浪费需要从哪里入手?

▶一旦分解工作的过程,就会看出"浪费"

如果不是特别熟练的工作,并不是那么容易发现浪费的。的确,丰田出身的咨询指导师发现的一部分"浪费",让客户惊讶不已。这当中是有秘诀的。

秘诀就是,尝试将工作、作业进行分解。这样一来,员工就会意识到:"分解后的工序,是不是也可以取消?"接下来,笔者就拿工序里的操作事例来做说明。

比如说,"把盖子套到零件上"这个操作之前,"到仓库去拿盖子"是所有人都能意识到的一个浪费操作(也属于搬运的浪费)。因此,大多数情况下,会将零部件(这里就是指盖子)分类存放在操作区域的附近。但是,要拿到这个零件,就有"伸手"这一道工序,仔细想一想,这也是"搬运"的一种,属于浪费。

更进一步地分析,"抓住(盖子)"这个动作,与最终目的——"套上盖子",从本质上来说也没有关系。

彻底消除浪费,实现成本缩减

在这一连串的操作当中,"有附加价值的工作"只有"盖上盖子"这个部分，也就是 25% 的作业。通过对工作的分解，就能逐渐找到改善的措施和方向。

也就是说，只要将目光聚焦在有附加价值的工作当中，就会注意到"如果盖子一开始就放在零部件的旁边，那么只要'套上'就好了"。

通过对工作的过程进行逐个的分解，就会拆解成"搬运""伸手""抓住""盖上"这些动作，我们就能够发现，除了最本质的"盖上盖子"以外，其他的动作都应该排除掉。

这就是"消除浪费"，其结果是"降低成本"。

如何消除生产现场的浪费？

3 ▶从投入产出比来考虑，运用智慧，不懈钻研，从而
消除失误

人无完人，即便再小心谨慎的人，也会出现意想不到的失误，或者因稍有不慎而产生失误。

但是，只要稍下一些功夫，运用一些方法，就能避免这些失误，提高成品率。而这些功夫和方法，就是"防呆"。

丰田花了数十年的时间，开发了各种各样的防呆装置。防呆的基本原则就是：不花什么钱，依靠智慧和不懈地钻研来避免失误。

比如说，在皮带流水线上流动的整车，需要安装 A ~ E 种零件当中的某一种，既然是由人来组装，就肯定会有失误的时候。

这时，与其责备出现失误的人，不如采取能防止失误的措施。这是最根本的思路，然后在此基础上进行研究。

完全不花钱的方法有哪些呢？比如说将货架用颜色进行区分，然后对零部件做明确的分类，相似的零部件不放在一起，即便只是这样简单的措施也能大幅减少人为失误。

还有用亮灯的形式提醒人员注意的方法。自动感应随着流

水线流过来的车型，只有零件 A 的箱子亮起红灯，用于提示"请拿取零件 A"，这么做的话，失误就会减少很多。

但是，只靠这一措施，有时会漏看红灯，或者误拿了其他的零件。

这时候，需要进一步完善采取的对策。比如最近的一项新措施，零件箱全部用盖子盖上，在整车流过来的时候，只有需要的零部件 A、B、C 的箱盖才会打开。这么一来，现场的作业人员只会拿取需要的零部件，大幅减少犯错的概率。

防止发货错误是最重要的事

前文提到的拿错零件，即"错件"。

即使在发货前发现错件，也需要重新生产，造成材料费增加。万一运气不好，把错件发到客户那里去，那就是非常严重的失误，企业也就会因此失去信誉。

错件的原因有编号读取错误、安装了形状相似的零部件，这两种情况占了错件的大部分原因。所以，正如上文所述，在箱子上亮灯，只有相应的零部件箱盖才会打开。除了这种方式以外，还可以通过感应进行识别，从而防止错件。

例如，将零件放入 X 设备里，设备上安装感应装置，当感应到"X 上安装了正确的零件 Y"时，感应装置可以判断出是合格品，同时还能判断出，正确的零件按照正确的方向进行了安装。

"不花钱"是最理想的防呆，但是如果因为错件问题而失去信誉，或者钱是没花多少，但是采取的对策非常烦琐，就得不偿失了。

虽然有时因为安装感应装置而带来一定的成本上升，但是通过这一举措，能减少材料费，降低不合格率，废品等材料费用的浪费也将随之减少。

归纳一下，即使要花费一些费用，但是总体能够回收成本就可以了。防止人员失误，就是不制造浪费的产品，防止不合格品流出，在"控制成本和降低成本"方面是能够发挥作用的。

将机关装置的智慧运用到搬运中，从而消除浪费

在日本江户时代，曾有一种"机关人偶"。在人偶的手上放上一个碗，伴着"吱呀吱呀"的响声，人偶的手就会将碗放到一定的位置。

简易自动化就类似机关人偶的原理。操作员完成某项操作以后，将成品放在操作台上，用简单的"机关装置"运输到下一个操作员手中。一旦导入自动设备，成本就会上升，但如果是机关的话，不仅不需要借用人的力量，即使作业台损坏了，也能靠自己的双手很快完成修复。

这就是简易自动化的思路，既能"消除搬运造成浪费"，还

不需要花费用于运转的经费和电费。

　　这便是一个通过消除浪费降低成本的实例，相信大家理解起来并不困难。

4 无需费用和人手就能做到的消除浪费

▶用智慧和刻苦钻研实现简易自动化，从而消除浪费

丰田经常使用"简易自动化"的方法来消除浪费。

如果要实现大规模的自动化，就需要导入设备，要花费不少的成本。而"简易自动化"，则是通过最大限度地发挥人的智慧来推进的。因此，随着"简易自动化"的运用，"搬运造成的浪费"得以消除，不花费人手，也不必借用设备，是一种基于人的创意的"自动化"。

例如，某个操作员要将处理好的铁棒传给两米以外的下一个操作员，下一个操作员过来取的话，两道工序之间就会产生"搬运的浪费"。但是，如果只是为了这两米的移动问题而使用设备，又会导致成本增加。

因此，可以在这两个操作员之间，做一个稍微有一些倾斜的、带有滚筒的操作台（图表24右图），作业结束后，就把铁棒放在操作台上，使得铁棒能够自然地滑动到下一个操作员操作的位置。

因为流动时会发出"咕咚咕咚"的声音，所以也叫"滚筒货架"。如果是更小的零部件，则使用更容易滑动的"滑道"

（图表24左图）。

滑道和滚筒货架一样，零部件都能借由"简易自动化"自然地传递到下一个工序中。

图表24　滚筒货架及滑道的实例

①滚筒货架
工序间的移动通过有倾斜的滚筒货架实现

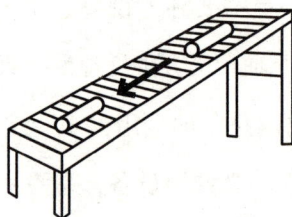

②滑道
容易滑落的工件用滑道进行传递

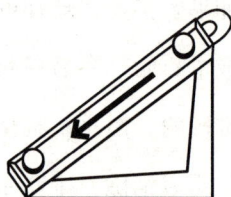

5 | 为了避免产生不合格品，丰田是怎样做的？

▶通过实施"早市晚市"活动，防止不良的发生

不合格品一旦流到外部，无论是多么大型的企业，都有可能陷入不可挽回的境地。

例如，返工费增加、投诉激增、品牌价值降低、企业失信等多重问题。

更可怕的是，一旦出现危及人性命的事故，就要承担巨额赔偿。

对于厂家来说，没有比向市场流出不合格品更可怕的事了。因为它可怕到能让之前所有为了"降低成本"所付出的努力全部白费。因此，汽车以外的产品，特别是食品等也是一样的，需要切实做好质量管理（4M+1M）。

"早市晚市""现地现物"是关键

那有没有既能防止不合格品流出市场，又能降低成本的具体措施呢？前面的章节提到了"自工序完结"等方法，在这里，笔者为大家介绍更容易导入的"早市晚市"制度。

需要说明的是，关于避免不合格品并没有特别完美的对策，所以早市晚市只是有效对策中的一个，请大家理解这一点。

丰田导入的"早市晚市"机制，就是将刚刚制造出来的不合格品陈列在某个大房间或者某个特定位置进行展示，让大家看到"今天都出现了哪些不合格品"。

产生不良的整车部分、零部件等都要贴上标签，让制造相关的人员能够看到：这个部分出现了问题、那个部分有一些划痕……

看到不合格的地方，实际进行操作的人大致能推断出原因，所以能马上做出"这样来解决这个问题"的决定。早上实施这样的活动称为"早市"，傍晚进行的叫"晚市"。

在投入量产前，由于不合格品的数量很多，所以几乎每天都会有"早市晚市"；进入量产后，不合格问题基本得到解决，因此"早市晚市"会减少到一周一次左右。

丰田的特征是，将"早市晚市"以"现地现物"的形式呈现出来。

相关部门先准备好实际的整车，在实际的工厂中，与实际制造的相关人员集中在一起，对每一个不合格的地方具体地逐个地进行探讨。

通过现地现物地"看、触摸、感受"，思考不合格的原因及对策。

丰田绝对不会只在会议室集中一下，看着电脑屏幕，进行讨论。在生产现场看着实物，才能注意到很多问题。

质量管理为什么不能只依赖数据统计？

在"观察实物"这一意义上，有共同之处的是"质量的可视化管理"。

在工厂里的每一条生产线上，都会放有一块白板，白板上会粘贴各种不合格数据以及质量改善的计划书等（参考第六章"大房间方式"）。这样一来，到底产生了什么样的不合格品、进度情况是什么样的，相关信息就能够及时传递给所有人员。

在这里需要留心的是，不要随便地依赖统计处理。

每一次出现不合格品，很多企业都会先进行统计处理。仅仅靠统计数据进行质量管理去找出造成不合格品的原因，是远远不够的。这是因为，操作人员的失误造成的不合格，是无法通过统计数据体现出来的。

其结果是大家只能联想到一些很微妙的原因，比如操作人员由于在操作中分神想别的事情，所以出现了失误……这就无法追溯到问题的真正原因了。

不明白真因，就无法采取对策。

无论什么事，都必须"现地现物"。

6 如何让消除浪费在设计阶段发挥作用?

▶通过现场反馈来消除浪费

在七大消除浪费的方法中,"减少材料费"的效果最明显。说到整车的材料费,涂料也算是其中一种。

例如,整车的涂装工序分为四步:底涂、中涂、面涂、清洗。为防止灰尘进入,现在的涂装工序是在密闭的涂装室进行的,用机械手进行涂装,所以基本上没有什么机会能看到涂装作业。但是,却可以在建筑现场看到涂料呈雾状分散,并滴到地面上。

而这些落下的涂料,就是涂装工序中没有用到的涂料,哪些是浪费全部都了然于心了。

汽车上使用的涂料的成品率(即涂覆率)特别低,在过去仅有50%~60%。经过改善以后,采用目前的静电涂装方法,涂覆率达到90%,大幅减少了浪费,降低了成本。

将现场的智慧传递给设计人员

除了涂料之外,如果成品率低的话,材料费就会不断叠加,所以改善成品率,将直接降低成本。

但是，即使在丰田，成品率也未必都很高。例如，冲压工序的成品率低，这造成了某一段时期的问题，但冲压工序的性质，是将铁板用冲压机进行冲压，折弯，制作车门的外板、天花板、发动机罩等等的工序。

例如，有一块单板，要从这块铁板裁剪出图表 25 的形状，那么，一块铁板能够使用的部分只有 60%，剩下的 40% 只能扔掉，扔掉的就是边角料。

图表25　减小手握部分的实例

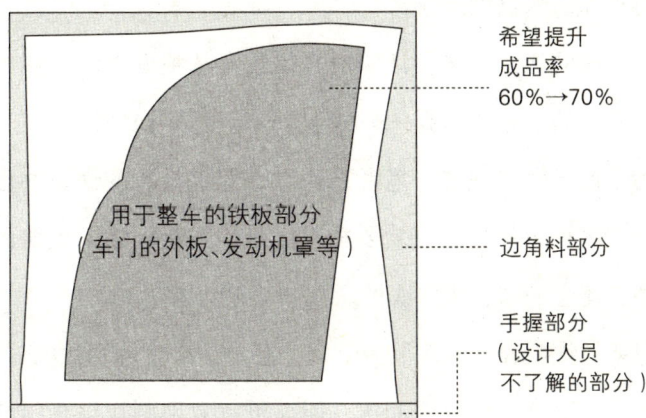

希望提升
成品率
60%→70%

用于整车的铁板部分
（车门的外板、发动机罩等）

边角料部分

手握部分
（设计人员
不了解的部分）

如果能把铁板的有效利用率从 60% 提升到 70%，仅凭这一点就能使成本得到大幅改善。

但是，要想裁出车门的外板、天花板等铁板部分，就需要握住铁板进行冲压，因此需要设备去"握住的部分"到底得多大，设计人员往往很难把握。所以设计时不得不在图纸上预留出余量，以供操作时抓住铁板。

而另一方面，现场深谙"将铁板的尺寸变小，把手握的部分进行研磨，使摩擦力加大，就能更好地抓住铁板了"的原理，通过现场的对应，用这种方式也能减少材料费。

这就是在现场层次的改善实例。但改善不能只停留在现场改善的层面，若在设计阶段就能改善的话，一开始就能改变铁板的尺寸，并打磨手握的部分，则操作就能很顺利地进行。

所以，现场要反馈给设计人员："手握铁板的部分比现在的设计再小5厘米也没问题。"

这么做的话，能从设计阶段开始思考从根源上降低成本的方法，铁板的成品率也能一跃而升，现场也不需要那么辛苦。

为了便于大家理解，笔者在这里介绍了板状的铁板冲压的例子。在汽车工厂里，因为要加工大量的铁板，除了板状的铁板之外，还会采购卷状的铁板。

板状的铁板容易出现很多浪费，但是如果使用卷状的铁板，就能和下一块板进行组合冲压，能够更有效地制作出车门的外板和发动机罩。

丰田成本降低中的"反馈文化"

与上文类似的现场反馈的例子还有很多。

大家都知道线束吧？

整车的汽车排线，是现场按照设计人员绘制的设计图纸，去排配线束的。

在丰田，设计图纸绘制完以后，会给现场的作业人员看。和铁板的例子一样，设计人员通常会认为如果车内线束太多，布线操作就很麻烦，所以总会在画图纸时将线束多预留一些长度。

但是，现场反馈给设计人员说"不需要90厘米，可以再短1厘米，89厘米就够了"。这区区1厘米，正是创造"利润"的根本。

1厘米、2厘米这样的长度，也许并不妨碍操作，但由此产生的"余量"是被忽视还是被立刻反馈，会呈现出巨大的差别。

如果只是按照设计人员的图纸，接收上司的指令而开展工作，这仅仅是在"处理工作"，并没有进行创意钻研，每一个工作都有"附加价值"才是真正的"工作"。

1973年石油危机的时候，丰田也曾濒临倒闭，正如前一章提到的，在进入整车制造之前的阶段，丰田就以"成本企划"的形式开始成本降低的工作。在经历了时代的漫长锤炼后，"由现场向设计人员反馈"来帮助设计人员的文化，也在丰田落地生根了。

7 丰田式理解——什么叫"失败"?

▶为了提升效率而"过量制造"是原因所在

提升"成品率",一般都能和"降低成本"联系起来。

但是,如果一味地追求提高成品率,就会造成浪费增多、成本增加,长此以往,企业会陷入赤字。这并非什么新鲜事。

某混凝土板制造企业,生产建筑物外墙使用的混凝土板,10 年间造成了 1 亿日元的赤字。虽然这家企业长期以来为了降低成本下了很多功夫,但是他们对我说"只依靠自己的力量改善十分有限,无论如何请一定要帮帮我",于是笔者便前往该企业开展咨询指导工作。

这家企业的外墙用混凝土面板分好几个种类,承接的订单里还包括特殊产品。问题在于,成品率很轻易地就提升上去了。

企业接到顾客的某个订单,要求只有特殊产品 A、特殊产品 B 使用这种混凝土,出现了浪费的空间,因此有了这样的想法,如图表 26 中,利用余量的空间,事先生产通用产品。

所幸的是,一块混凝土板能够得到的面板成品率特别高,但是预测生产的通用件的订单仅仅只是生产出来的一半,并不能真正转化为销售额。所以通用件就会先暂时运到仓库里保存

图表26 提升成品率反而造成浪费的实例

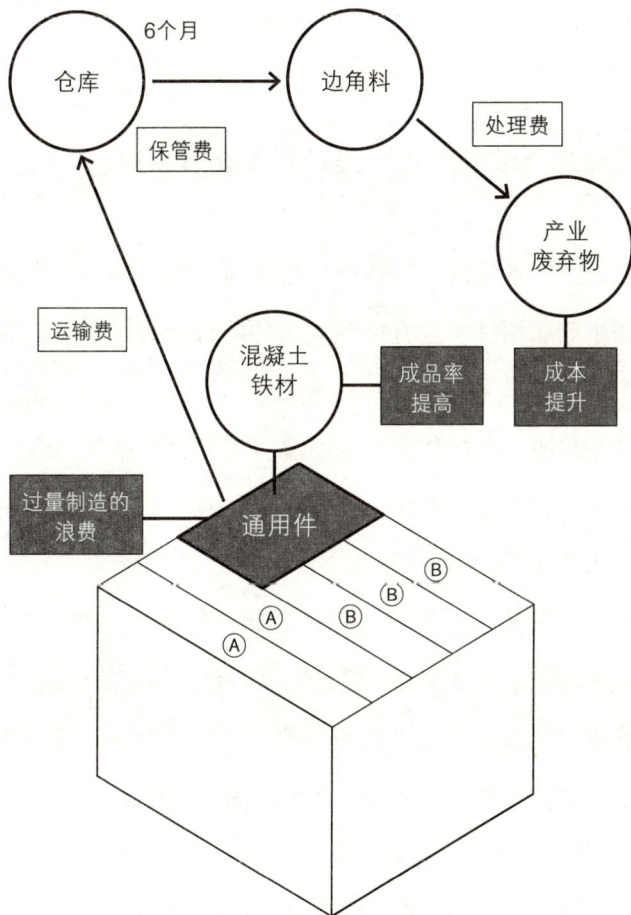

起来。而几个月以后还没有发货，面板质量老化，就不能作为

商品销售了。

工厂只能把这些不能用的面板处理成边角料，作为废弃物

处理。

尽管提高了成品率的数字，结果不仅没有降低成本，反而还提高了成本率。

"过量制造导致的浪费"是绝对需要消除的

因此，笔者提议，哪怕让成品率降下来，也不要用余量的部分去生产通用件，只有接到通用件的订单时，才用余量的部分生产。

如果按照笔者的想法，成品率肯定是会跌落的，但是成本却得到了显著改善。说到底，"提升成品率＝降低成本"的想法，是个很大的误区。

相信大家从这个例子已经体会到，过量制造造成的浪费，是"卖不出去→增加库存→丢弃"这一恶性循环的根源。

在丰田，生产一定是按照必要的生产数量（即销售数量）进行生产的，并根据必要的生产数量决定生产的速度（节拍时间），而不是按照设备能力生产。

出发点是"哪怕让设备闲着也没问题"。

设备能力一旦有富余，企业就会不自觉地考虑"提升设备的稼动率吧"，然后制造出多余的商品。生产出来也卖不出去，等待它们的只有不良库存的命运了。

如果生产出不良库存，就会出现与前面这家混凝土板的制造企业同样的问题，倒不如牺牲一点设备能力，站在可销售的数量这一角度思考生产的排配。

丰田也曾因为"过量制造"受到惨痛教训

但是，丰田在 2008 年的雷曼危机中，偏离了"仅生产能卖得出去的数量"这一大原则，受到了惨痛的教训。

这印证了这样一句话："言之易，行之难。"

大家认为最大的诱因是丰田被心心念念"世界第一"的称号所蒙蔽了双眼。而且在次年，也就是 2009 年，渡边捷昭社长将要把企业一把手的位子交还给创业家族——丰田章男副社长（现任社长）。因此，渡边社长本人的想法是无论如何也要让丰田成为世界第一之后再让出其位，这种焦虑心理恐怕也是因素之一。

当时的销售额处于上升状态，为了增加销售台数，丰田增加了加拿大、美国等海外工厂的设备，并使设备能力达到满负荷。如果用比率来衡量，本来只需要生产 100 台车，结果将生产台数增加到了 120 台，所以之后因为雷曼危机跌落到 80 台，就受到了巨大的打击。

这些全部是过剩的库存。为了消耗这些库存，丰田用了好几年的时间，花费了数兆日元，这就是"过量制造造成的浪费"。

我们来看看具体的数字：2008 年 3 月期，丰田公司的联合销售额是 26 兆 2892 亿日元，但是 2009 年 3 月，销售额同比降低了 21.9%，也就是 20 兆 5295 亿日元。营业利润方面，2008 年 3 月是 2 兆 2703 亿日元，而 2009 年 3 月期竟然出现了 4610 亿日元这一巨额赤字，使得丰田陷入了创立以来的最大危机。

　　2009 年 6 月，当接力棒交到丰田章男手上时，章男社长在就职演说中说："丰田应该回到 TPS 的原点。"也就是说，丰田下定决心"只生产销售出去的部分""不制造浪费的产品"。

8 使亏损企业仅用一年就实现盈利的 "消除浪费" 是什么？

▶集五大部门之力的"消除浪费总确认表"

"消除浪费"的最终目的还是"降低成本"。

因此，此前介绍的消除浪费的具体措施，也就是滑道、滚筒货架等防呆的方法，都是可以立即采用的。

但是，仅靠这些只能做到碎片式的应对。这也确实是现在的实情。

作为企业整体采取消除浪费的突破口，笔者在这里向读者介绍前文中混凝土板 A 企业的指导中"用一年时间将一亿日元的赤字企业转变为赢利企业"所用到的确认表。具体的"消除浪费中不能逃过的项目"，已用确认表进行了总结，请各位参考。

①重新审视"营销设计部门"；

②重新审视"生产技术部门"；

③重新审视"质量管理部门"；

④重新审视"采购部门"；

⑤重新审视"制造部门"。

看了图表 27 大家就能明白，"◎"代表该部门特别需要花精力去降低成本的对象费用。但是，即便知道了对象费用是什么，也必须知道如何去降低成本。

图表 27 的下方，就是改善方式的着眼点。

图表27 缩减成本的对象费用及实施部门实例

成本					实施部门				
					营销设计	生产技术	质量管理	采购	制造
制造成本	直接材料费			原材料费	◎	○	○	◎	○
				采购零部件费	◎	○	○	◎	
				模块采购费	◎	○	○	◎	
				加工损耗费与处理的材料	○	○	○	○	◎
	加工费	制造部门费		劳务费	○	○	○	○	◎
				折旧费、税、保险费	○	○	○	○	○
		间接材料费	特定经费	辅助材料费	◎	○	○	○	○
				消耗工具费	○	○	○	○	○
				保全费		◎	○	○	
				经费					◎
				能源费		○			◎
	辅助部门费				◎	○	○	◎	
	营销设计部门费				◎			◎	

▌改善方式的着眼点

①变为价格更低廉的材料
②寿命的延长
③标准与基准的重新审视
④再利用
⑤作业改善
⑥成品率提升
⑦不良改善
⑧设备投资削减（改造、挪用）
⑨其他 ——横向比较、横向展开 ——自制化 ——消除不合理、不均衡、浪费

第五章
丰田的消除浪费

只要从这九个着眼点确认对象费用，采取什么样的措施可以使成本降低就一目了然了。

构建"不产生新赤字"的机制

要想显著提高"成本降低"的效果，就要在开展新的商品企划时，探讨总成本分配的阶段（成本企划），或者是在各个部分的设计阶段（成本计划）去切实执行。

但是，刚刚提到的混凝土板制造企业 A，并没有时间在这些阶段采取措施，而且已经十年都处于赤字中，只能从可以下手的地方迅速采取对策，才能摆脱困境。

所以，一开始笔者的切入点是"建立不产生新赤字的机制"。凭借以下五个部门的对应，相信任何一家企业都能够执行。

①重新审视"营销设计部门"

首先，营销设计部门要"降低材料费""降低采购零部件费""降低设计费和试制费"（如图表 28 所示）。而基本的改善视角是：

· 用同样的材料、同样的使用量，是否能有更低价的选择

· 有没有性价比更高的材料

· 有没有使用时间更长的零部件

（改善方式的着眼点参考图表 27 中的下表）

图表28　营销设计部门的消除浪费

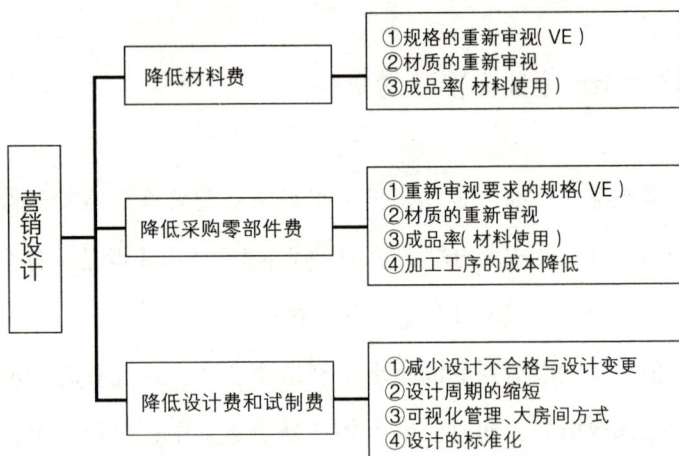

营销设计	降低材料费	①规格的重新审视(VE) ②材质的重新审视 ③成品率(材料使用)
	降低采购零部件费	①重新审视要求的规格(VE) ②材质的重新审视 ③成品率(材料使用) ④加工工序的成本降低
	降低设计费和试制费	①减少设计不合格与设计变更 ②设计周期的缩短 ③可视化管理、大房间方式 ④设计的标准化

②重新审视"生产技术部门"

成本当然还包括"人工费"，也就是说，作业人员在确定的时间内能够处理多少工作、有没有空手等待，同样和成本直接相关。

因此，图表 29 中，以设备、稼动、工时为轴，建立起能"在一定的时间内发挥出最高效率"的机制，是生产技术部门的目标。

③重新审视"质量管理部门"

一旦产生很多不合格品，浪费就会堆积，成本也会增加，不合格品一旦流出市场，企业将会遭受到巨大的打击。

接下来，在"减少不合格品"和"降低不合格品浪费的材料费"的两个要点上，特别是"减少不合格品"方面，基于"丰田生产方式（TPS）"，运用 10 项内容（参考图表30），促进改善。

图表29 生产技术部门的消除浪费

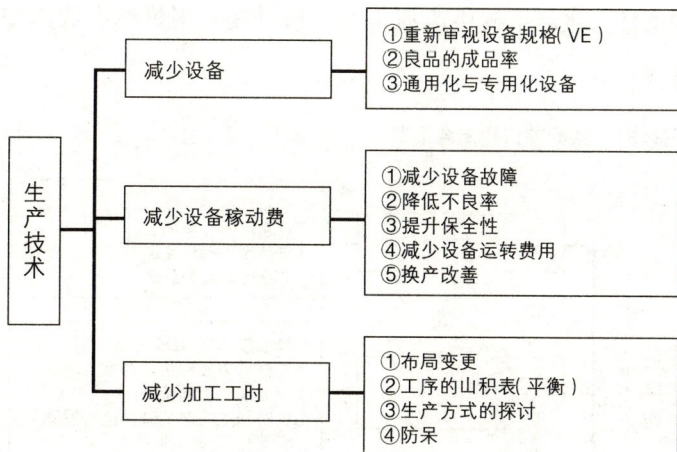

```
                    ┌──────────┐      ┌─────────────────────────┐
                    │ 减少设备  │──────│ ①重新审视设备规格(VE)   │
                    │          │      │ ②良品的成品率            │
                    └──────────┘      │ ③通用化与专用化设备      │
                                      └─────────────────────────┘
 ┌─────┐                              ┌─────────────────────────┐
 │ 生  │            ┌──────────┐      │ ①减少设备故障            │
 │ 产  │            │减少设备   │      │ ②降低不良率              │
 │ 技  │────────────│稼动费     │──────│ ③提升保全性              │
 │ 术  │            │          │      │ ④减少设备运转费用        │
 └─────┘            └──────────┘      │ ⑤换产改善                │
                                      └─────────────────────────┘
                    ┌──────────┐      ┌─────────────────────────┐
                    │减少加工   │      │ ①布局变更                │
                    │工时       │──────│ ②工序的山积表(平衡)     │
                    │          │      │ ③生产方式的探讨          │
                    └──────────┘      │ ④防呆                    │
                                      └─────────────────────────┘
```

图表30 质量管理部门的消除浪费

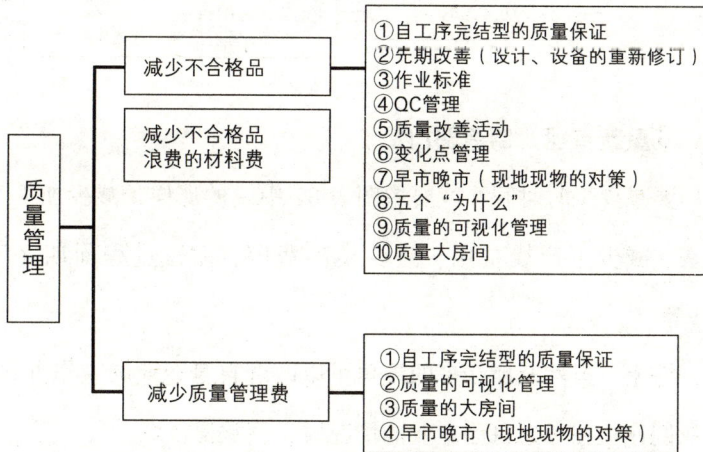

```
                    ┌──────────┐      ┌────────────────────────────────┐
                    │减少不合格品│      │ ①自工序完结型的质量保证         │
                    └──────────┘      │ ②先期改善(设计、设备的重新修订) │
                    ┌──────────┐      │ ③作业标准                       │
                    │减少不合格品│      │ ④QC管理                        │
 ┌─────┐            │浪费的材料费│      │ ⑤质量改善活动                   │
 │ 质  │            └──────────┘      │ ⑥变化点管理                     │
 │ 量  │────────────                  │ ⑦早市晚市(现地现物的对策)      │
 │ 管  │                              │ ⑧五个"为什么"                  │
 │ 理  │                              │ ⑨质的可视化管理                 │
 └─────┘                              │ ⑩质量大房间                     │
                                      └────────────────────────────────┘
                    ┌──────────┐      ┌────────────────────────────────┐
                    │减少质量   │      │ ①自工序完结型的质量保证         │
                    │管理费     │──────│ ②质量的可视化管理               │
                    │          │      │ ③质量的大房间                   │
                    └──────────┘      │ ④早市晚市(现地现物的对策)      │
                                      └────────────────────────────────┘
```

④重新审视"采购部门"

要降低采购零部件的单价,与供应商协力降低成本,需要如图表 31 中所列举的"外购件单价的降低""供应商的指导"等为支柱，重新审视供应商本身，探讨能否用价格更低的零部件替代。

图表31　采购部门的消除浪费

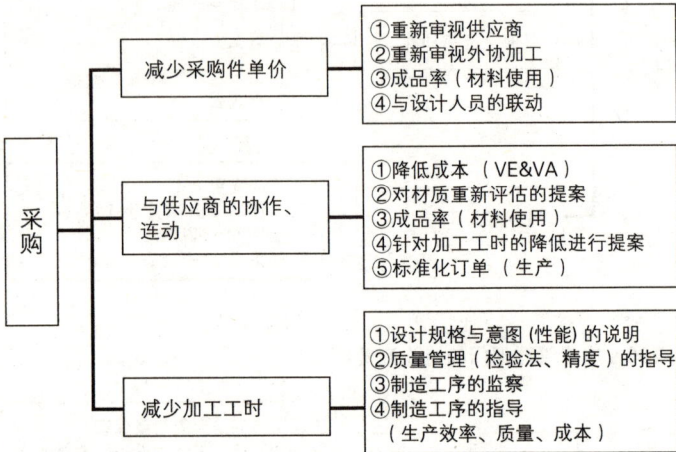

采购	减少采购件单价	①重新审视供应商 ②重新审视外协加工 ③成品率（材料使用） ④与设计人员的联动
	与供应商的协作、连动	①降低成本（VE&VA） ②对材质重新评估的提案 ③成品率（材料使用） ④针对加工工时的降低进行提案 ⑤标准化订单（生产）
	减少加工工时	①设计规格与意图(性能)的说明 ②质量管理（检验法、精度）的指导 ③制造工序的监察 ④制造工序的指导 　（生产效率、质量、成本）

⑤重新审视"制造部门"

要减少工时时间，就要像图表 32 中说的那样，减少加工工时费、减少生产线费用、减少换产费用、缩短过程周期（库存）等。

综上，虽然有那么多的视角可以改变自身企业的工作方式，但我们往往在考虑自己企业的情况时，就觉得很难。

不过，在下一章中讲到的"积极性"，如果能在企业内部形成常态的话，就能够真切地面对全企业共同努力去"降低成本"，跨越诸多困难。

图表32　制造部门的消除浪费

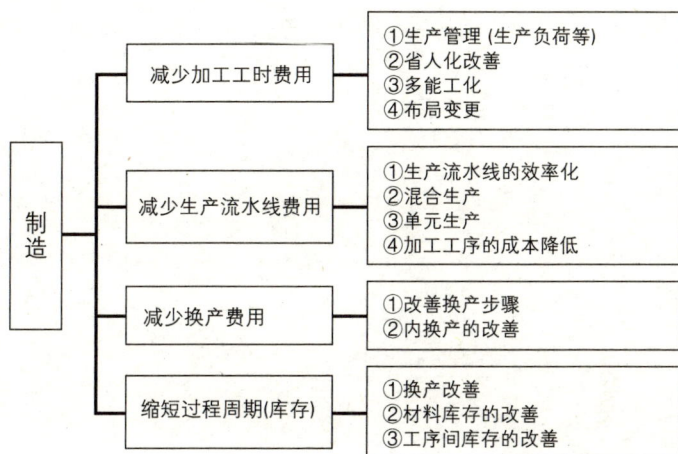

制造	减少加工工时费用	①生产管理(生产负荷等) ②省人化改善 ③多能工化 ④布局变更
	减少生产流水线费用	①生产流水线的效率化 ②混合生产 ③单元生产 ④加工工序的成本降低
	减少换产费用	①改善换产步骤 ②内换产的改善
	缩短过程周期(库存)	①换产改善 ②材料库存的改善 ③工序间库存的改善

　　现实中，这家企业在一年以后降低了一亿日元的成本，立刻转变为赢利的状态，其背后的深层原因就是五大部门对成本的重新审视。

第 六 章

丰田"大房间方式"的效果及推进方式

→一旦实现"可视化"，全员就能有意识地降低成本

当有企业委托笔者指导时，他们常说"没有办法了，请您一定帮帮我们"。一般来说，最有效的推进手法是"大房间方式"。企业的相关人员会聚一堂，当即进行决断，同时个人的能力也能得到提高。在本书的最后，笔者将详细说明"大房间方式"。这是一种以全体员工的积极性为力量，对实现"成本降低"具有非常显著效果的方法。

1 丰田所说的"可视化"究竟是什么?

▶"ANDON""KANBAN"等工具,让所有人看到问题
所在

一提及"可视化",很多人会联想到丰田的"ANDON(安灯)"。ANDON,是说工厂里一旦出现什么问题就会亮起黄灯、红灯,通过这一机制,组长、工段长就能迅速赶到现场,商量如何解决问题。

这一系统设置在所有人都能看到的地方,问题发生以后能迅速传递给全员,是丰田"可视化"的典型代表。

"KANBAN"也是可视化工具的一种,其机制是这样的:在KANBAN上写上必要零部件的名称和数量,在工厂内流转,使所有人都能够共享到KANBAN上的信息,并能保证必要的零部件,仅按照必要的数量,准时地提供到必要的地点。

"大房间方式"也是"可视化"的代表之一

丰田的"可视化",不仅体现在工厂,在职能部门也同样存在。

其中一项,便是本章要介绍的"大房间方式"。上一章的

"消除浪费"主要是工厂部门为了降低成本的一种措施，而本章的"大房间方式"则主要是在职能部门成功实现"降低成本"的手段。

丰田内部有各种各样的"可视化"，以笔者咨询工作的经验来看，在职能部门导入"大房间方式"从而成功降低成本的实例有很多，从这个意义出发，本章可以定位为职能部门的"降低成本实践篇"。

"大房间方式"，概括来说，就是使全体成员共享信息。

例如，将"成本降低10%"这一目标张贴在大房间、走廊的墙壁上，使每个人都能看见。因此，大房间方式也被称为"可视化"的一种。而看到墙上目标的相关部门的人，就会开始各自思考"降低10%成本"的方法。然后，把A部门的提案"是否可以这样来降成本"张贴出来，而B部门也可以贴上其他的提案。

当这些提案映入眼帘时，即使不相关的部门也能一目了然地看出目前企业内有什么问题，在进行什么样的工作。所以，让企业内的所有人共享信息，使问题彻底地让全体人员知晓，是大房间方式"可视化"的效果之一。

时常看在眼里，就会记在心里

"大房间"方式还有一个效用，就是避免人们忘记。

交谈的内容和邮件沟通的内容，一般在第二天就会忘记90%以上。比如说，上司下达指令"要把成本降低10%"，而下属要处理手头的工作，往往第二天就忘记了上司的交代。

但是，如果把这些信息贴在任何人都能看见的地方，大家就能随时注意到，也就不会忘记了。

看到降低成本10%的信息并记在心里，大家就会落实到行动上。这正是大房间方式"可视化"的优点。

重要的是，在"可视化"的目标下面，一定要写上实际的结果。

一旦写下"三个月降低10%"的目标，那么就要记录下结果，比如"×月×日减少了5日元""×月×日没有降低成本"，就能知道为什么有时能做到，有时候又做不到，并思考如何才能达成目标。

另外，难以"可视化"的内容，也要认真钻研如何才能实现可视化，这一点也很重要。

无论什么样的工作，都有熟练者独有的"技巧"和"诀窍"，这都是无法准确传递给别人的信息。要使这些内容也能让其他人掌握，需要想方设法地实现共享，这是不容忽视的。

比如说，熟练的员工说"抓紧了啊"时，要考虑到这个"紧"到底是多大握力，但也不需要拿握力计进行测量，用类似于"像挂在铁棒上那样""像用力握手那样"等一些具体的描述来传达就可以了。

像这样对本来看不见的事物进行"可视化"的做法，应该得到足够的重视。

工作中的愉悦感会激发干劲

有一个关于检验效率的实验非常有名。

这个实验要求工人在一天内对某个零部件进行检验，检验的数量是500个。

一种方法是，上司将这个目标打印出来，贴在墙壁上，员工们一边看着这个目标，一边为实现目标努力工作。

还有一种方法是，员工自己把这个目标写下来，张贴在墙壁上，可以自己确定目标，例如"如果检验了500个，就去吃牛排"。

比较这两次实验的结果，发现后者的达成率远高于前者。

原因是什么呢？接下来，由笔者来为大家解答：

"自己确定目标的话，就会钻研如何才能实现目标，并享受这个过程，那么对待工作就会干劲高涨，直接的结果就是生产效率的提升。"

人是有情感的动物，是根据好恶、敌友、是否愉快这些直观的判断来采取行动的。如果只是靠讲道理，是很难迈出第一步的。

这和减肥是一样的，即使大脑判断"这件事情必须做"，但如果没有干劲的话，就坚持不下去。

所以，不能只靠权衡利弊来让人们付诸行动，构筑起"这么做很愉快"的情境才是最重要的。

建立起这种情境，大脑中就会分泌多巴胺，人才能感受到幸福，然后再持续地做几次，就会形成习惯，那么这件事情就成了理所当然要做的事。

通过实现"可视化"来提升积极性，结果正如图表33所示，就会产生"降低成本"等效果。

下一节，我们将一起运用"大房间方式"的视角来看看类似的实例。

图表33 通过调动积极性，实现成本降低的实例

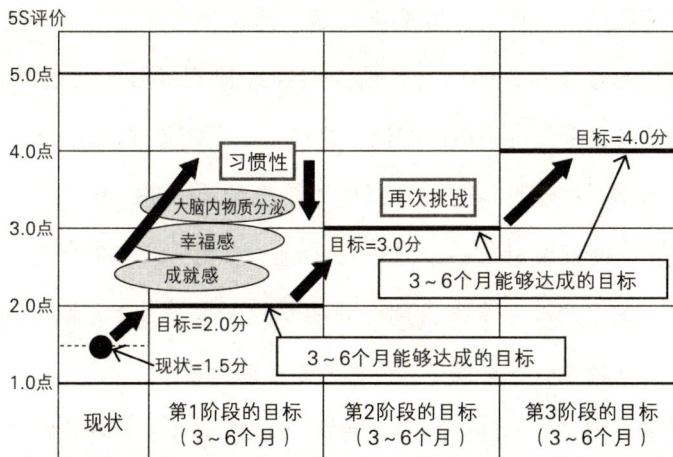

5S评价

| | 现状 | 第1阶段的目标（3～6个月） | 第2阶段的目标（3～6个月） | 第3阶段的目标（3～6个月） |

- 目标=4.0分
- 习惯性
- 大脑内物质分泌
- 幸福感
- 成就感
- 再次挑战
- 目标=3.0分
- 3～6个月能够达成的目标
- 目标=2.0分
- 现状=1.5分
- 3～6个月能够达成的目标

2 导入 "大房间方式" 能实现什么？

▶汇集经验与智慧的改善活动在不断延续

在进行新车型设计开发时，主查要和所有相关部门的负责人进行沟通。

"大房间方式" 的作用，是让所有改善活动活跃起来。

在 "大房间" 里，所有部门的责任人会聚集在一起，所以从设计的话题到降低成本的措施，与整车相关的所有问题，都可以一边借助指标和实物，一边进行分析，实施对策。

人们可以借助 "大房间方式"，当机立断，迅速处理。

相比之下，在美国等欧美国家，部长级别的管理人员都会有单独的办公室，所以与其他部门的部长联络时要通过邮件，根据邮件往来得出最后的结论，这种工作模式非常普遍。

但是，在这种模式下，即使要得出结论，恐怕也要等上一两周，有时甚至过了一个月也无法统一意见，这样的情况并不少见。虽然邮件往来不占用彼此的时间，看似效率很高，但实际上，从整体效率来说，这样做效率极低。

举个例子：某设计部门被要求 "A 零件的成本要控制在 10 日元"，如果这关系到其他部门的设计的话，一般只要向该设计部的负责人提出要探讨成本降低策略的申请就可以了。

但是，对方只是简单地回应道"哦，降成本啊，我试着和上司商量一下"，并没有得出结论。若是以这种形式与其他部门进行工作上的对接，恐怕永远也得不出结论了。

因此，"大房间方式"将负责人聚集在一起，当场就判断是否可行，效率非常高。

在丰田，常常有 5~10 个更新换代的项目在并行开展，所以每个项目都会常设一个大房间，在项目结束以前，只要相关人员一走进大房间，都能看到各种各样的数据和资料。

哈雷新车型开发周期缩短一半

世界闻名的美国摩托车企业——哈雷-戴维森，以前开发一个新车型需要花费四年的时间。

笔者在哈雷-戴维森导入图表 34 的"大房间方式"以后，哈雷新车型的开发周期缩短为两年，从生产效率的角度衡量的话，也就是效率提升了一倍。

为什么哈雷-戴维森此前的开发需要四年呢？原因还是在于邮件往来效率太低。

从单间的独立办公室里发送邮件、听取意见，无法让需要决定的事情尘埃落定。在丰田看来，这是一种浪费，而当时的哈雷人已经对这种工作模式习以为常了。

但是，如果在公司里采用"大房间方式"的话，所有的相关人员集中在同一个地方，互相确认的同时开展工作，此后的设计变更显著减少了。

说个题外话，当时哈雷-戴维森的负责人后来也出了名，因为生产效率飞跃式地提升，他自己还出了书。还有，当时笔者直接对接的副社长，现在也自己独立出来，从事经营咨询的工作。

或许，因为"大房间方式"的导入，这位副社长获得了生产效率提高的实际业绩，并获得了在咨询工作中向其他企业传授这方面经验的能力吧。

波音公司借助"大房间方式"提高了生产效率

美国波音公司的 737 新型飞机的设计开发团队在导入了"大房间方式"之后，生产效率迅速得到了提高。

在导入"大房间方式"初期，笔者对他们说了这样一番话：

"你们每个人都很优秀，但是你们所具备的能力，还没有充分地发挥出来，没有做到活性化。这是为什么呢？这是因为你们都是在独立办公室进行工作的，大脑并没有活性化到较高的程度。让我们在设计开发部门，也立刻导入'大房间方式'，激发出大家所有的潜力吧！"

让笔者惊讶的是，竟然没有一个人提出反对意见，大家纷

图表34 “大房间方式”导入实例

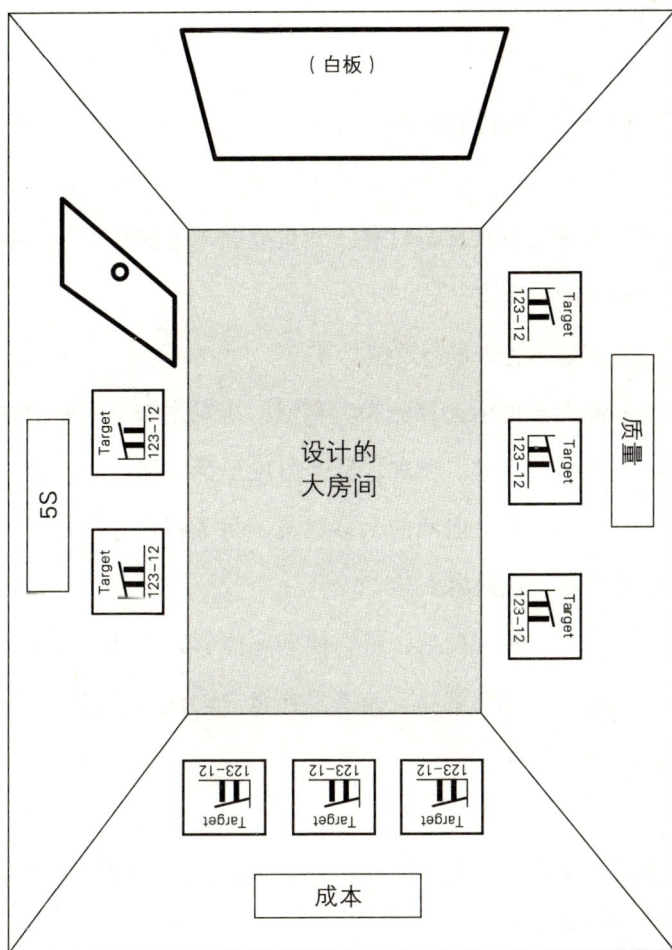

纷表示：“太有意思了！让我们导入‘大房间方式’吧！”于是，波音当下就决定采纳笔者的意见。

波音公司能够如此顺利地导入“大房间方式”，或许是因为哈雷-戴维森已经验证了这种方式的可行性,才得到了波音公司的认可。

将问题点反馈到设计阶段

丰田大房间方式并非只有"当机立断与迅速决定"一种功能,还有其他的功能。

首先,是向主查进行反馈。

大房间内会集中大部分相关部门,所以主查不了解的情况也会成为讨论的话题。例如,量产阶段虽然按照计划准时交付成品了,但实际上,内部的大多数员工每天都在忍受加班……类似的意见都会被提出来。

主查掌握这些课题后,就会使问题能够在更早之前的设计阶段得以探讨并得到解决,而不是在量产阶段给现场的人员增加负担。

其次,大房间方式,同时也是将各种现场的问题反馈到成本企划阶段的场合。

制造现场与主查之间,汇集经验与智慧的改善活动能够不断地延续,也是大房间方式的一大优点。

3 "大房间方式"能带来怎样的效果？
▶速断速决，最大限度地激发每个人的潜力

欧美企业或者日本国内的外资企业，往往更倾向于前文提到的"设计人员一个人默默地构思"。但是，真正具有变革意义的构思不要说"千分之三"了，在实际应用中恐怕连"千分之一"都不到。

特别是职能部门的工作，需要统筹大部分部门来吸收意见，在一个场合中协调多个部门，才能真正得出好的结论。

而要将各个组织的负责人集合到一起，让大家相互交流意见并最终形成结论，最合适的方式就是"大房间方式"了。

如果大家在一间"大房间"的话，就能一起提出想法并讨论，也就是以"交换想法"的形式，形成"三个臭皮匠，顶个诸葛亮"的机制，使工作有效进行。

大房间里的对话，能激发每个人的大脑活性

还有一点，对于个人来说可以称得上是意外的收获。大多数人集中在一起进行讨论时，大脑就会活跃起来。而一个人埋头于办公室里，产生的想法难以跳出"一个人"的脑域，像图

表 35 中，如果能从不同部门那里不断得到与自己不同的创意和意见，那么个人的大脑也会实现活性化。

例如，日本某游戏设计公司，就曾经导入运用"大房间方式"的可视化。

一开始这家公司的大部分员工都反对导入，但在开展过程中，随着成果的显现，大家逐渐接受了这种像丰田现场一样的工作方式，将工作内容可视化，激发了大脑活性。

图表35　使用不同沟通工具时,大脑活性的变化

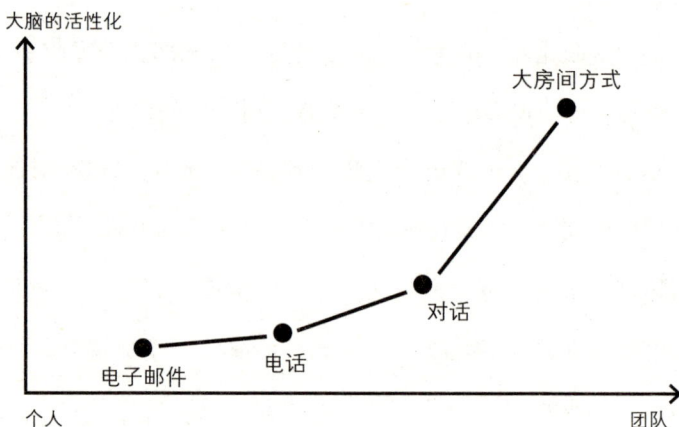

大脑的活性化

大房间方式

对话

电子邮件　　电话

个人　　　　　　　　　　　　　　　　　团队

人类的大脑构造，虽然允许我们在单独的房间内工作，但是大脑的活性程度并不高。而在与人的交流中，与邮件相比，对话更能迅速获得对方的反应，在活性化方面更有优势。这是因为，我们能够综合分析对方的表情、声音，读取到微妙的信息。

也就是说,"大房间方式"的优点在于使大多数人能够互相讨论,进而促进每个人的大脑活性,并举全员之力,解决一个个难题。

图表 36 中,要使工作现场活性化的方法有很多,其中,"大房间方式"并不需要特别准备,很容易导入,也很容易取得成功。

在这里,笔者再总结一下大房间方式的两个优点:

①有助于当机立断、迅速决策,可以提高效率;

②最大限度地激发每个人的能力。

图表36　团队活性化活动的种类

活性化活动（体验型・实绩型）		知识・培训
① 5S	① 可视化	培训
② 质量改善	① 大房间活动	知识
工序改善	② QC小团队活动	创意钻研・提案（以个人为单位）
物流改善	② 早市晚市	
生产效率提升	多能工化	引导、提醒
早会	专业技能制度	
	创意钻研・实施	

使团队活性化的活动是非常必要的

4 "大房间方式"能应用到哪些方面？

▶横向发展到俄罗斯工厂和斯里兰卡的企业

"大房间方式"的机制起源于职能部门，但是如果只局限在职能部门的话，就有些浪费了。

所以，笔者在中国、俄罗斯工厂的改善中，也导入了"大房间方式"，尽管自工序完结是从工厂部门拓展到职能部门的，但"大房间方式"则是从职能部门到工厂部门的逆向输出。

在一家俄罗斯工厂，笔者首先帮他们设置了一个"改善大房间"的角落，在这个角落里，所有关于改善的指标都实现了"可视化"。

然后，相关流水线的各个负责人，每天都会相互汇报"为什么今天的生产不顺利""这么做的话就能使生产顺利进行下去了"等问题，由此取得了很多改善的效果。

这个事例证明，原本作为设计研发手法的"大房间方式"，在工厂的生产活动中也能很好地应用。

在斯里兰卡创建的"经营大房间"

在此基础上，企业高层在经营管理中也尝试运用了"大房间方式"。

斯里兰卡的某家集团企业也导入了"经营大房间"。这家集团企业的老板名下有十家公司，当时企业老板因为苦于"该怎样经营每一家公司""如何管理公司"，才委托笔者进行指导。

由此，笔者提议将其隔壁的房间设为大房间，使各公司的情况"可视化"。

具体的步骤如下：先让一把手对各公司的总经理提出期望的指标、评价、希望该公司做什么，然后将它们作为各公司总经理的目标。

接下来，各公司总经理每周会到大房间，向董事长汇报这些目标的达成情况，而大房间的数据每天更新，董事长可以亲自确认，效果很好。

这个例子中，重要的不是更新每天的数据，而是让人和人面对面地进行讨论、研究对策这一"大房间方式"的特有过程。

这家斯里兰卡集团企业，将"经营目标"这一如此复杂的问题也实现了"大房间化"，在导入后取得了明显的成效。

采用"大房间方式"，使各类问题和课题可视化，从而能够真正地解决问题。

5 "大房间方式" 应该如何推进?

▶从小的活动开始，拓展到全企业，就能收获成果

有一家主营手机 App 的企业，其中一个事业部曾经导入 TMS（TOTAL MANAGEMENT SYSTEM）。

这家企业的走廊和工作现场墙壁上都粘贴了很多手写笔记，使工作"可视化"，从而达到改善的效果，虽然名称叫作"大房间方式"，但也不用特意准备一个很大的空间。

利用走廊、墙壁的一部分做"可视化"，叫作"小房间方式"。

这家企业的办公室，并非像外资企业那样单独的办公室，而是在一个宽阔的楼层里设置工位，用隔板隔开，是在日本常见的一种方式。

但是，因为员工们每天对着电脑安静地写程序，实际上和"独立办公室"没有区别，隔壁的同事正在做什么、现在忙不忙，大家一点儿也不关心，只是默默地在处理自己手上的工作。

小活动"可视化"是起点

只关心自己的工作是绝对不行的。所以笔者一开始采取的

办法是将每一个人的工作内容、当天发现的问题点等张贴在墙上。仔细一看才发现，大家写的内容或许都不是什么重要的事，但是无论怎样，先把工作"可视化"是一切的开始。

在这家公司的事业部，几乎所有人都长期加班到半夜十一二点，把课题写下来，是为了减少加班时间。

即使这样，刚开始大家写出来的都是"我今天做这项工作"等等。但写着写着，就开始有员工写出"××事情让我很苦恼"，不断受到如此这般的耳濡目染，其他人也渐渐开始这么写了。

尽管叫"可视化"，但这个例子中大家写的内容各式各样，仿佛没有一个统一感，不过最开始的时候达到这种程度就可以了，没有必要追求完美。

"可视化"改善要从坦率记录自己的工作开始。

一旦将工作"可视化"，员工就有了积极性

接下来，笔者为该企业讲述了"个人幸福度"与"企业幸福度"的关系。

图表37中，个人的幸福度指标方面，选择了"工作价值感""积极性"作为纵轴的项目。

而横轴是企业的幸福度，指标是"增加销售额""增加利润"。

经营者总是希望"降低企业的成本"，于是会发号施令"让

我们把成本降下来"，以此让员工努力工作，然而人是不可能仅因为这样的号召就行动起来的。

这种情况下，笔者告诉经营者："顺序应该反过来。"

要提高每一位员工的积极性，让他们觉得"工作真有意思""感觉到了工作的价值""感觉到了人生的价值"。

当积极性上升到一定程度时，降低成本的活动就会更加活跃，结果就是企业的利润开始上升。

也就是开展的顺序要反过来。

图表37　个人与企业幸福度的关系

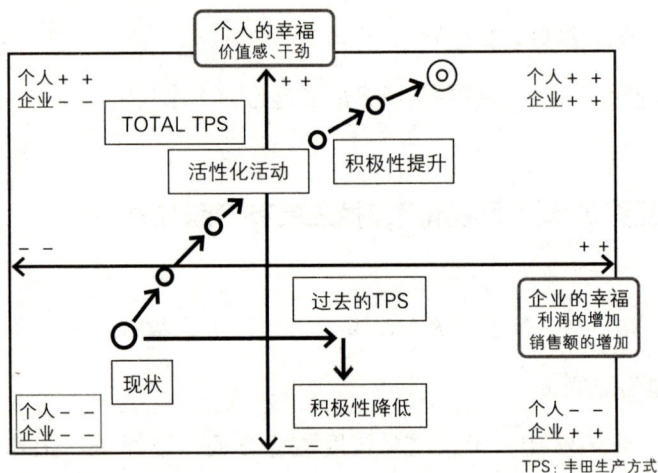

TPS：丰田生产方式

积极性提升,"可视化"就能上升到更高层次

一开始,我让员工们把自己正在做的工作、苦恼的事情写下来张贴在走廊等明显的位置,员工们对于这种"小房间方式"的导入充满了抵触,大家觉得:"这能改变什么?"还有人抱怨道:"什么丰田方式?这么忙的时候别让我们干别的事情!"

实际上,他们反对的出发点是觉得这种导入"没有任何意义"。

然而,随着大家开始习惯把工作内容和困难写在纸上并张贴出来,情况开始有所转变。每个人都多多少少能够理解隔壁同事的工作内容了,也开始体会到"我曾经也有过同样的烦恼",企业内的连带感也开始建立起来,积极性也随之被激发了出来。

这么一来,"可视化"就能提高一个层次。事业部与企业内的问题点变得一目了然,大家还能分享对策。

同一个企业里,只要把员工集中在"小房间"里,就能够共享同样的问题,能够理解其他人的工作和苦恼。特别是其他人如果有好的工作方式,就能够学习模仿,自己的工作也能够得到改善。

这样的活动,先以小单位走上轨道,整个事业部就能有所改观,直接结果就是加班时间明显减少了。

6 靠"大房间方式"能顺利降低成本吗？

▶激发活性，积极性就会提升，从而产生成果

为了探究"活性化""积极性""成果"三者之间的关系，笔者在 68 岁时攻读硕士学位，开始了对大脑的研究。

笔者得出的明确结论是，人"不想干自己不喜欢的事情"。即使一个人知道一件事的必要性，但"降低成本"仍然开展不下去，也是同样的原因。

因为大家都是在大脑中去理解"成本降低是必要的"，但是因为不感兴趣，即使被人强制推着往前走，也无法顺利进行。

从"5S"活性化起步

要改变这种情感化的行为，应该怎么做呢？

结论或许会出乎读者们的意料，很简单，那就是被称为"5S①"（整理、整顿、清扫、清洁、素养）的"活性化活动。"

特别是业绩不好的企业，每天的工作是确定的，工作墨守

————————

① 在日语中，整理、整顿、清扫、清洁、素养五个词的罗马字拼写均以"S"开头，故称之为"5S"。

成规，没有变化。这样的工作现场，虽然导入 5S 活动是一项新的工作，但本身难度不高，可以轻松导入，也能很快看到效果。

但是，5S 只是由一个人来做的话，就难以取得成果。工作现场的团队如果不集体协力实施的话，5S 改善活动就会变成徒劳之举。

因此，开展 5S 的过程中，领导（leader）与团队（team）之间自然而然地就能形成协作的姿态。

因此，笔者得出了以下的结论：

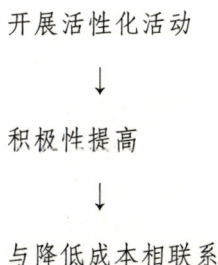

开展活性化活动

↓

积极性提高

↓

与降低成本相联系

把这一结论描述出来，便是图表 38 中的计算公式。尽管是计算公式，但并没有数字，只是单纯的乘法。

第一个是"个性"。每个人的个性都不一样，企业里有十个人，就有十个人的个性。那么企业整体就有多种个性。(Σ 读作西格玛，表示"全部相加"的意思)。

图表38　实现成本降低的计算公式

$$成本降低 = \sum_{i=1}^{n} 个性 \times 能力 \times 积极性$$

n是员工数量

第二个是"能力"，主要是指知识层面。提升员工个人能力，要通过企业员工培训来实现。

第三个是针对课题解决方面的"积极性"，也就是干劲和上进心。

虽说积极性是内心层面的问题，但正如前面提到的，积极性也是可以通过活性化活动来提升的，具体可以通过改善活动和5S活动提高积极性。

也就是说，要在"降低成本"的活动中取得成果，有没有实施"积极性提升活动"是关键所在。

前面提到，根据大脑研究，人基本上是以"好恶"来决定行为的。既然这样，大多数人是讨厌"降低成本"的，那么首先需要把这种"厌恶"转变为"喜欢"，还有把"漠不关心"转变为"兴致勃勃"。

通过“5S”实现活性化，积极性就能得到提升

前文中为大家介绍了笔者在一家连续十年赤字的 A 企业针对工厂进行了指导。但是，导入 5S 后，积极性到底提升了多少？提升以后，是否真正能反映到降低成本的活动中？笔者也尝试对这些问题作了验证。

这家企业的工厂开展了十年的成本降低活动，然而一点都没有得到改善。结果，社长担心：“每年都是 1 亿日元的赤字，这样下去公司恐怕会倒闭吧！”于是他开始想办法解决这个问题。

这家企业，最开始先号召全体员工“做好整理、整顿、清扫、清洁、素养的 5S 活动。”

A 企业的成本改善活动并没有立刻触及社长期望的“降低成本”，而是在此之前先从“活性化活动（5S）”着手。但是，根据笔者判断，将员工的士气提升上来是 A 企业的当务之急，因此，笔者用图表 39 的清单，对 5S 的各项活动进行五分制的评价，并将结果“可视化”。

士气高涨，成本降低也就水到渠成

在持续实施 5S 活动的同时，企业根据活性化的情况，把图

图表39 5S&现场活性化活动、制造工序、诊断确认表实例

实施日		点检人		判定(基准)					
				1	2	3	4	5	备注
分类									
1S: 整理	①	·在过道、货架、设备的周边有没有不需要的物品							
	②	·在制品(米袋、糠、玉米)等的库存量是否合理							
	③	·货架、操作台、抽屉中等地方是否放置了不需要的物品							
	④	·作业台上有没有放置不需要的物品、设备							
2S: 整顿	⑤	·是否划出区域线,明确过道、存放区							
	⑥	·物品的存放场所是否明确,是否有标识							
	⑦	·物品是否放在了指定位置以外的区域							
	⑧	·垃圾分类是否正确							
3S: 清扫	⑨	·地面、过道、操作台等是否有垃圾、污垢							
	⑩	·设备、工装夹具、操作台等是否有污垢							
	⑪	·窗户、墙壁、门、休息室等地是否有污垢							
	⑫	·排线等是否垂落至地面							
4S: 清洁	⑬	·物品的放置场所、在制品等是否可以一目了然							
	⑭	·物品的标识、管理板是否容易理解、井然有序							
	⑮	·车间里是否总是干净并且井井有条							
	⑯	·整理·整顿·清扫是否都在保持							
5S: 素养	⑰	·是否规定了5S的相关规则							
	⑱	·是否定期实施4S点检							
	⑲	·是否对问题做到了切实的防止再发?							
	⑳	·现场是否易于进行工作							
现场的 活性化	1	是否全员参与开展活动							
	2	能否感觉到以小组形式议论·探讨							
	3	是否有小组的发现、汇报							
	4	作为一个小组,是否感觉到现场的变化							
	5	能否感觉到小组内的协作姿态							
	6	有没有变成组长的独角戏							
	7	是否感觉到小组成员的成长							
	8	汇报内容是否与现场同步							
	9	现场是否精神饱满,干劲十足							
	10	是否感觉到现场在进步							

表39中的数据制作成柱状图,并不断和5S实施之初比较,1个月后、3个月后……做到每天都能清晰地看到5S活动是否在切实地进行,是否渗透到现场(参考图表40)。

图表40　通过活性化活动实现成本降低的过程

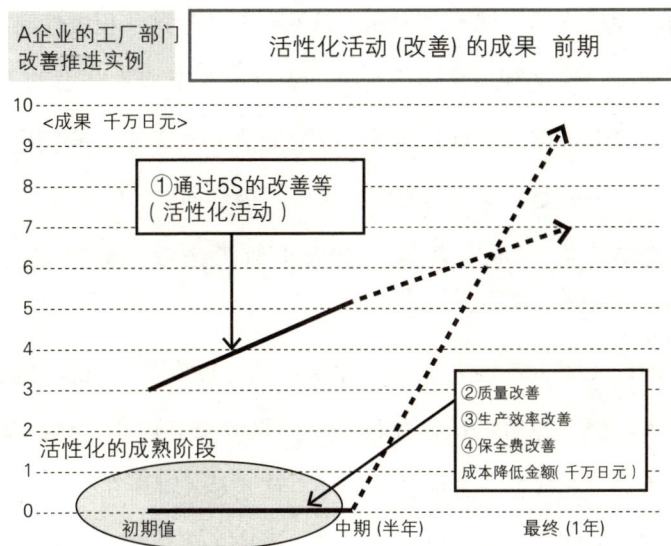

但是在这个阶段，企业完全没有开展过以 "降低成本" 为主题的活动。

出人意料的是，半年后，企业忽然就有了启动 "降低成本" 的苗头，企业一直翘首以盼的 "成本降低" 效果开始显现，用了半年时间，减少 1 亿日元成本的目标一下子就实现了。一年后，工厂开始赢利。

显然，当员工积极性提高到一定程度时，降低成本的效果就开始显现出来了。

这既是对 "积极性到底是什么" 分析的结果，同时也证明了笔者的想法是正确的。

无论是降低成本，还是丰田生产方式（TPS）的导入，一切改善活动最终都归结于"人能否激发出干劲"这一积极性问题。

无论TPS的理论是何等正确，无论员工对成本降低的必要性理解多么透彻，执行人本身不改变的话，就难以发挥作用。

最重要的是，要致力于解决人的积极性问题。

遗憾的是，"成本降低"对大多数人来说不是件讨喜的事情。

所以，有必要让大家对这件事情的态度有所改观。这就需要导入"5S"这样的活性化活动，并逐渐将其固化，在此基础上员工提升积极性，形成良性循环，这才是关键所在。

丰田的强大，在于已将这一点"形成了习惯"，把它当成了理所应当的工作。即使不必特意去激发积极性，大家也觉得"降低成本"活动是自己的分内之事。

如果企业整体能提高这方面的意识，并达到丰田这样的水平，那么本书推进"降低成本"的任务，可以说是圆满完成了。

结语
利润在生产前就已全部确定

营销部门提出商品企划后，主查会根据总成本分配每个部门的成本，然后各设计人员绘制图纸，根据设计再规划使用设备的工序——这是产品正式量产前需要做的一系列工作。

因此，从事这方面工作的人，可以说决定了成本的大部分，如果想要真正地降低成本，就要在这个阶段下功夫，才有可能取得最好的效果。

然而，几乎所有的企业并没有意识到这个阶段已经框定了成本的总范围，而是在进入了生产阶段后才投入大量精力，高喊着要降低成本、消除浪费。这一点笔者谈到过，在滞后阶段才开始降低成本是存在局限性的。

笔者认为，企业本身是要时刻意识到"成本"的存在，并思考员工工作和成本之间的关系，这样的企业才能维系下去。

所以，工作的好坏最终取决于是否在开展工作时满足了成本要求。无论是被上司表扬工作时多么认真，还是写了多么详细的报告书，或是导入了多么先进的技术……仅靠这些，是无法提高企业利润的。

而对于笔者本人而言也是如此。虽然咨询指导工作带给自己很多的满足感，但笔者也需要时常思考："这么做会不会只是在徒增企业成本呢？"

建立起时刻意识到"成本"的机制

"是否真正地产生了利润？"带着这样的意识进行工作，需要建立起从成本角度看待事物的各种机制。

丰田里有各种各样的机制。

首先是主查制度。作为项目的统筹负责人，除了性能和质量以外，主查要时刻关注这两方面与成本之间的平衡，并使其他设计人员在制作确认表这类必须考虑成本的机制中开展工作。其次，在成本企划会议上，企业高层全部列席，围绕"成本"探讨新产品。而每个月的跟进会议（属于"成本计划"的范畴）也必须坚持做好……这些机制在企业内是非常必要的。

对于每个人期待的部分、建立机制跟进的部分、最高经营层的意识，如果企业能把这些很好地统合在一起，就能建立起赢利的机制，促进利润增长。

丰田内部的信条是：利润全部取决于成本企划阶段。

反过来说，成本在量产以前就确定了。

因为，最大最深的利润源泉——成本，正是隐藏在上游阶段。

每一个人既是产生成本的源头，同时又是利润的源头。

企业如果能意识到这一点，聚焦在根本问题上，进而实现降低成本，提高利润，那将是笔者的荣幸。

2016 年 7 月　堀切俊雄

东方出版社助力中国制造业升级

定价: 28.00 元

定价: 32.00 元

定价: 32.00 元

定价: 32.00 元

定价: 32.00 元

定价: 32.00 元

定价: 30.00 元

定价: 30.00 元

定价: 32.00 元

定价: 28.00 元

定价: 28.00元

定价: 36.00元

定价: 30.00元

定价: 32.00元

定价: 32.00元

定价: 32.00元

定价: 38.00元

定价: 26.00元

定价: 36.00元

定价: 22.00元

定价：32.00 元

定价：36.00 元

定价：36.00 元

定价：36.00 元

定价：38.00 元

定价：28.00 元

定价：38.00 元

定价：36.00 元

定价：38.00 元

定价：36.00 元

定价: 36.00 元

定价: 46.00 元

定价: 38.00 元

定价: 42.00 元

定价: 49.80 元

定价: 38.00 元

定价: 38.00 元

定价: 38.00 元

定价: 45.00 元

定价: 52.00 元

定价：42.00 元 定价：42.00 元

定价：48.00 元 定价：58.00 元

定价：48.00 元 定价：58.00 元

定价：58.00 元 定价：42.00 元

定价：58.00 元 定价：58.00 元

定价: 58.00 元

定价: 58.00 元

定价: 58.00 元

定价: 58.00 元

定价: 58.00 元

定价: 68.00 元

定价: 68.00 元

定价: 68.00 元

定价: 68.00 元

定价: 68.00 元

定价: 68.00 元

定价: 68.00 元

"精益制造" 专家委员会

齐二石　天津大学教授（首席专家）

郑　力　清华大学教授（首席专家）

李从东　暨南大学教授（首席专家）

江志斌　上海交通大学教授（首席专家）

关田铁洪（日本）　原日本能率协会技术部部长（首席专家）

蒋维豪（中国台湾）　益友会专家委员会首席专家（首席专家）

李兆华（中国台湾）　知名丰田生产方式专家

鲁建厦　浙江工业大学教授

张顺堂　山东工商大学教授

许映秋　东南大学教授

张新敏　沈阳工业大学教授

蒋国璋　武汉科技大学教授

张绪柱　山东大学教授

李新凯　中国机械工程学会工业工程专业委会委员

屈　挺　暨南大学教授

肖　燕　重庆理工大学副教授

郭洪飞　暨南大学副教授

毛少华　广汽丰田汽车有限公司部长

金　光　广州汽车集团商贸有限公司高级主任

姜顺龙　中国商用飞机责任有限公司高级工程师

张文进　益友会上海分会会长、奥托立夫精益学院院长

邓红星　工场物流与供应链专家

高金华　益友会湖北分会首席专家、企网联合创始人

葛仙红　益友会宁波分会副会长、博格华纳精益学院院长

赵　勇　益友会胶东分会副会长、派克汉尼芬价值流经理

金　鸣　益友会副会长、上海大众动力总成有限公司高级经理

唐雪萍　益友会苏州分会会长、宜家工业精益专家

康　晓　施耐德电气精益智能制造专家

缪　武　益友会上海分会副会长、益友会/质友会会长

东方出版社

广州标杆精益企业管理有限公司

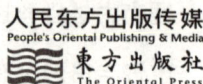

標杆精益®
BENCHMARK LEAN

人民东方出版传媒
People's Oriental Publishing & Media
东方出版社
The Oriental Press

图字：01-2020-0921 号

Sekai NO.1 no Rieki wo Umidasu Toyota no Genka
by Toshio Horikiri
Copyright © 2016 Toshio Horikiri
Simplified Chinese translation copyright © 2019 Oriental Press，
All rights reserved.
Original Japanese language edition published by KANKI PUBLISHING INC.
Simplified Chinese translation rights arranged with KANKI PUBLISHING INC.
through Hanhe International（HK）Co.，Ltd.

本书中文简体字版权由汉和国际（香港）有限公司代理
中文简体字版专有权属东方出版社

图书在版编目（CIP）数据

丰田成本管理／（日）堀切俊雄 著；龙蔚婷 译. —北京：东方出版社，2020.6
（精益制造；063）
ISBN 978-7-5207-1507-2

Ⅰ.①丰… Ⅱ.①堀…②龙… Ⅲ.①丰田汽车公司—企业管理—成本管理—研究
Ⅳ.①F279.313.3

中国版本图书馆 CIP 数据核字（2020）第 062901 号

精益制造 063：丰田成本管理
（JINGYI ZHIZAO 063：FFNGTIAN CHENGBEN GUANLI）

著　　者：[日] 堀切俊雄
译　　者：龙蔚婷
责任编辑：崔雁行　史晓威
责任审校：金学勇
出　　版：东方出版社
发　　行：人民东方出版传媒有限公司
地　　址：北京市朝阳区西坝河北里 51 号
邮　　编：100028
印　　刷：北京文昌阁彩色印刷有限责任公司
版　　次：2020 年 6 月第 1 版
印　　次：2020 年 6 月第 1 次印刷
开　　本：880 毫米×1230 毫米　1/32
印　　张：6.375
字　　数：58 千字
书　　号：ISBN 978-7-5207-1507-2
定　　价：58.00 元
发行电话：(010) 85924663　85924644　85924641